58
比較教育学研究
Comparative Education

特 集
比較教育学からSDG4を考える

日本比較教育学会 編

2019

目次

自由投稿論文

インドネシアにおける子どもの性をめぐる
　問題の解決 …………………………………………… 神内　陽子 …… 3
　　――「児童保護法違反」少年の事例にみるムシャワラ（合議）文化と法の適用――

ラオスにおける保護者の教育意識の構成要因と
　その構造 ……………………………………………… 元川　将仁 …… 26
　　――首都ヴィエンチャンを事例に――

韓国における「優先教育地域政策」の特質 ……… 金　　美連 …… 48
　　――「教育福祉優先支援事業」がもたらした学校現場の変化――

大会報告

特集・公開シンポジウム　比較教育学からSDG4を考える

特集の趣旨 ……………………………………………… 吉田　和浩　　　
　　　　　　　　　　　　　　　　　　　　　　　　　日下部達哉 …… 70

学校での持続可能性に関する教育活動の
　実践上の要点と課題の検討 ………………………… 木村　　裕 …… 75
　　――オーストラリア・サステイナブル・スクール・イニシアティブの
　　　取り組みに焦点をあてて――

ブラジルにおける地域連携に基づく多様な
　教育空間の創造と課題 ……………………………… 田村　梨花 …… 95

カンボジアの開発における教育とSDGsの
　展開 …………………………………………………… 野田　真里 …… 113

日本の高大連携プログラム「スーパー
　グローカル」の事例から …………………………… 山下　雅文　　　
　　　　　　　　　　　　　　　　　　　　　　　　　中矢　礼美 …… 121

特集（課題研究Ⅰ）

東アジアにおける高大接続の比較研究 ………… 小川　佳万 …… 137

特集（課題研究Ⅱ）
　公教育制度の第3ステージへの模索 ……………… 中島　千惠…… 141
　　──自律的公設学校の国際比較を通して──

〈書評〉
　近藤孝弘著『政治教育の模索──オーストリアの経験から』… 木戸　　裕…… 146
　菊地かおり著『イングランドのシティズンシップ教育政策の展開
　　──カリキュラム改革に見る国民意識の形成に着目して』…… 谷口　和也…… 149
　工藤瞳著『ペルーの民衆教育「社会を変える」教育の
　　変容と学校での受容』………………………………… 斉藤　泰雄…… 152
　江原武一著『教育と比較の眼』………………………… 望田　研吾…… 155

〈文献紹介〉
　近藤孝弘・中矢礼美・西野節男編著
　　『リーディングス比較教育学　地域研究
　　──多様性の教育学へ』……………………………… 中矢　礼美…… 158
　高野篤子著
　　『イギリス大学経営人材の養成』…………………… 高野　篤子…… 159
　小川佳万・姜姫銀著
　　『韓国の高等教育──グローバル化対応と地方大学』……… 小川　佳万…… 160
　福留東土編
　　『専門職教育の国際比較研究』……………………… 福留　東土…… 161
　Tomoko Tokunaga
　　Learning to Belong in the World:
　　An Ethnography of Asian American Girls ……………… 德永　智子…… 162
　Shoko Yamada
　　'Dignity of Labour' for African Leaders: The Formation of Education
　　Policy in the British Colonial Office and Achimota School …… 山田　肖子…… 163

日本比較教育学会会則 (165)　細則 (168)　倫理綱領 (170)　紀要刊行規定 (170)　紀要投稿
要領 (171)　平塚賞規定 (174)　紀要編集委員会委員名簿 (175)　役員一覧 (176)

〈編集後記〉……………………………………………………………………………177

自由投稿論文

インドネシアにおける子どもの性をめぐる問題の解決　　　神内　陽子
──「児童保護法違反」少年の事例にみるムシャワラ（合議）
　文化と法の適用──

ラオスにおける保護者の教育意識の構成要因とその構造　　元川　将仁
──首都ヴィエンチャンを事例に──

韓国における「優先教育地域政策」の特質　　　　　　　　金　　美連
──「教育福祉優先支援事業」がもたらした学校現場の変化──

―― 自由投稿論文 ――　　　　　　　　比較教育学研究第58号〔2019年〕

インドネシアにおける子どもの性をめぐる問題の解決
―― 「児童保護法違反」少年の事例にみるムシャワラ（合議）文化と法の適用 ――

神内　陽子
（名古屋大学大学院）

はじめに

　近年インドネシアでは、児童保護法――具体的には、児童保護法の定める性犯罪への罰則規定――に抵触したとして18歳未満の少年が有罪判決を受けるケースが顕著となっている。本稿はこれら「児童保護法違反」少年を事例とし、ムシャワラ（合議）文化と法の適用の観点から子どもの性をめぐる問題解決の実態を明らかにするとともに、フォーマルな裁判プロセスと少年刑務所における処遇の現状が少年に与える影響について考察することを目的とする。

　1998年5月のスハルト体制崩壊後のインドネシアでは、民主化の過程で人権意識が高まる中、子どもの権利保障を実現するための児童保護制度改革[1]が急速に進められてきた。1999年人権法と2000年第2次改正憲法において子どもの権利が明記されたことに続き、2002年には児童保護法が制定され、以後、分野横断的な連携の下で保護機関の整備や専門的人材の育成が急務とされている。こうした中で改革の中心課題とされてきたのが、「法律に抵触した子ども」（以下、「犯罪少年」）・「犯罪被害を受けた子ども」（以下、「犯罪被害児童」）・「証人となった子ども」の3種から構成される「法的紛争内にある子ども」（Anak yang Berhadapan dengan Hukum）の保護である。2012年には少年刑事司法制度法（UU No.11 Tahun 2012 tentang Sistem Peradilan Pidana Anak）が成立し、これら「法的紛争内にある子ども」の保護手続きがそれぞれ具体的に定められた。本法の改革の骨子は、特に犯罪少年の処遇についてダイバージョン（通常の裁判手続きからの離脱）の原則を導入し、起訴→事実認定→判決の流れをと

る裁判手続きから事件を離脱（divert）させ、代わりに賠償や保護者による監督、社会奉仕等の代替措置へ転換するとしたこと、さらにそのための条件として「Restorative Justice[2]」と呼ばれる修復的アプローチを取り入れ、加害者・被害者・コミュニティを含む当事者間の対話と合意形成を問題解決のための重要なプロセスとして位置づけたこと、である。従来インドネシアでは、多くの学齢期の少年が窃盗などの軽微な罪のために長期間拘禁されることが問題となっていたが、本法施行により少年受刑者数が大幅に減少するなど、改革は一定の成果を挙げてきた（神内2017）。

　その一方で近年、顕著となっているのが、児童保護法違反により有罪判決を受け、刑事施設に収容される少年のケースである。法務人権省矯正総局のデータによると、2017年7月1日現在、全国の刑事施設に収容されている18歳未満の少年3,066名の罪種として、「窃盗」（25.8%）、「麻薬および向精神薬等の危険薬物使用」（17.2%）に続き、「児童保護法違反」（11.3%）が第3位に上がっている（図1）。児童保護制度改革が少年への刑事罰の回避を主眼としてきたにも関わらず、ここでは児童保護法それ自体が少年を裁くという状況が起こっているのである。

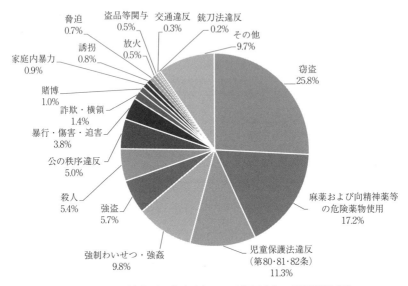

図1　全国の刑事施設に収容されている犯罪少年の罪種別構成比
出典）法務人権省矯正総局より入手したデータ（2017年7月1日現在）に基づき筆者作成。

では、この背景には一体何があるのだろうか。注目されるのは、児童保護法違反の内容が主として「性行為の強制」（第81条）または「わいせつ行為」（第82条）であり、子どもの性行動に関係している点である。本稿の分析で明らかになるように、ジャワの事例では、少年による児童保護法違反は子ども同士の性交渉が問題化され裁判に持ち込まれた結果起こったものであり、ここには婚前交渉に対する当該社会の価値規範に加えて、子どもの逸脱行動や、それが引き起こした摩擦（揉め事）に人々がいかに対処するのかという問題——具体的には、慣習的なアプローチとしてのムシャワラ（合議）文化と、成文化された国家法に基づくアプローチとしての法の適用をめぐる問題——が関わっている。ムシャワラ（Musyawarah）とは、合議を通して全員一致による合意（ムファカット）を目指す慣習的な意思決定メカニズムであり、問題解決のためのローカルな知としてフォーマルな裁判手続きに対置されてきたものである[3]。子どもの性をめぐる問題の解決にあたってどのようなアプローチがとられるのか——ムシャワラか、それともフォーマルな裁判手続きによる解決か——に着目することは、その選択の如何が少年に対する処遇や教育のあり方を決定し、ひいては彼らの将来に大きな影響を与えるという点で重要である。以上の問題意識から本稿は、ムシャワラ文化と法の適用という問題解決の手続きに着目し、子どもの性をめぐって何が問題とされ、またどのようなプロセスで解決が図られているのかを明らかにするとともに、児童保護法が適用された結果、少年たちが経験することになるフォーマルな裁判プロセスと少年刑務所における処遇の現状が彼らに与える影響を考察することを目的とする。

　子どもの保護や権利保障を直接的に扱った比較教育学研究としては、「保護の対象」と「権利行使の主体」という2つの「子ども観」に着目して中国の児童保護政策を論じた一見（1993）や、結婚・家族形態の多様化との関連からフランスにおける「子ども文化」と権利保障を論じた赤星（1993）がある。これらは伝統的価値観と社会変容との関係から子どもの権利と教育を論じた点で重要であるが、政策展開や全国統計に基づく議論が主であるため、保護の理念が実現される場としての地域の固有性と、子どもが直面する具体的な問題に着目した研究が課題となっている。一方、少年非行に関する研究は現時点で限られているが、そのうち社会変化と非行の関係を論じた荒木（1986）らの課題研究

と、欧米・アジア10か国を対象とした性非行および薬物乱用防止のための教育の国際比較研究（沖原・大谷編1988）が挙げられる。特に後者は、日本の現状についての問題意識から出発して諸外国の性/薬物教育を論じており、これら非行問題を対象とした比較教育学研究の発展の可能性を示唆している。またインドネシアの児童保護や非行に関しては、関連諸法令を分析したWaluyadi（2009）のほか、要保護児童について問題別に論じたBagong（2013）など現地研究者による論考があるが、これらについても事例に即した議論の深化が課題である。『リーディングス比較教育学 地域研究』は、「歴史的に構成されたそれぞれの地域の社会的・文化的特徴に迫ろうとする」地域研究の重要性を強調しているが（近藤ほか編著2018: ⅰ）、本稿もまたそうした立場から子どもが直面する問題の実態を明らかにしようとするものであり、この点で、学校制度やカリキュラム等の分析からだけでは見落とされかねない教育現象や人間形成のあり方を提示できる可能性をもつと考える。

　本稿の構成は以下の通りである。まず問題の背景を明らかにするため、「法的紛争内にある子ども」の保護を中心に、インドネシアの児童保護制度改革の展開を概観する（第1節）。続いてジャワの少年刑務所で行った調査に基づき、少年による児童保護法違反の具体的内容と、子どもの性をめぐる問題の解決プロセスを明らかにする（第2節）。そして、性についての社会の価値規範、およびムシャワラの実施と法の適用の観点から事例を分析し、最後に、裁判手続きと少年刑務所への収容が少年にもたらす影響を論じる（第3節）。なお本稿では、児童福祉・保護分野における日本語の用法に従って、未成年を指す語として用いられるインドネシア語の「anak」を、「子ども」または「児童」と訳す。また「法律に抵触した子ども」について、特に断りのない限り、性別を問わず「犯罪少年」または「少年」と記す。インドネシアの2002年児童保護法に基づき、これらは18歳未満とする。

1．インドネシアにおける児童保護制度改革の展開

(1)　2002年児童保護法の成立と改革の骨子

　独立後のインドネシアにおいて子どもの保護と福祉を定めたのは、スハルト

政権期（1968-1998）の社会福祉基本法（1974）と児童福祉法（1979）であった。しかし体制期を通して政府が果たした役割は限定的であり、保護と福祉の多くは家族や地域社会に委ねられていたとされる（増原2012: 15-16）。少年司法に関しては、1990年9月のインドネシア政府による「子どもの権利条約」の批准を受けて1997年に少年裁判法が成立したが、ここでも原則的には成人と同じ裁判手続きが適用されるなど、抜本的な改革には至らなかった。こうした中で大きな転機となったのは、1998年5月のスハルト政権崩壊と、それに続く民主主義体制への移行である。まず、1999年9月に人権法（UU No.39 Tahun 1999 tentang Hak Asasi Manusia）が制定され、その「第3章 基本的人権と人間の基本的自由」において子どもの基本的な権利が明記されるとともに、あらゆる形態の暴力からの法的保護（第58条）、性的搾取および虐待・児童売買・依存薬物からの保護（第65条）、犯罪少年の保護（第66条）など、特別な場合の保護が規定された。これに続き、2000年8月の第2次改正憲法は憲法として初めて基本的人権に関する条項を置き、子どもの権利についても、「全ての子どもは生存し成長する権利をもち、暴力および差別から保護される権利を有する」（第28B条）と明記した。

　こうした流れの中、2002年10月に児童保護法（UU No.23 Tahun 2002 tentang Perlindungan Anak）（全14章93条）が制定、即日施行された。本法は、「児童保護とは、子どもが人間の尊厳に従って最善の方法で生活・成長・社会参加し、かつ暴力と差別からの庇護を受けられるよう、その権利を保障し保護するための全ての活動である」（第1条）と定義している。そして、その活動はパンチャシラ[4]と1945年憲法および「子どもの権利条約」に基づくこと、また（a）差別の撤廃、（b）子どもの最善の利益の優先、（c）生存および発達の権利、（d）子どもの意見の尊重、を4原則とすること、を定めた（第2条）。本法の要点としては、①全ての子どものもつ基本的権利とともに「特別な保護」の内容を明記したこと、そして、②子どもを対象とする犯罪に対して種々の罰則を規定したこと、の2点が挙げられる。まず①「特別な保護」を必要とする子どもとして、(a) 危機的状況にある子ども（難民、災害・武力紛争等の被害者）、(b) 法的紛争内にある子ども、(c) マイノリティおよび孤立した集団に属する子ども、(d) 経済的かつ/または性的搾取を受けた子ども、(e) 誘拐または人身売

買の被害を受けた子ども、(f) 麻薬・アルコールおよびその他の依存薬物を使用する子ども、(g) 身体的・精神的暴力の被害を受けた子ども、(h) 障がいをもつ子ども、(i) 虐待およびネグレクトの被害を受けた子ども、が規定された。このうち (b)「法的紛争内にある子ども」である「犯罪少年」については、非人道的な拷問・取調・刑罰の禁止、最小限の身体拘束と成人収容者からの分離、裁判の非公開および匿名報道、法的援助を受ける権利が、また「犯罪被害児童」については施設内外におけるケア、事件に関する情報の提供、匿名報道の原則が定められた（第16～18・64条）。他方、②子どもを対象とする犯罪への罰則に関しては、子どもに身体的・精神的・社会的損害をもたらす差別やネグレクト、「特別な保護」を要する子どもに対する保護責任の遺棄、違法な養子縁組の実施、虐待・暴力および脅迫、性的暴力、人身売買、違法な臓器移植、改宗の強制、軍事目的の違法な使役、経済的・性的搾取、薬物売買のための使役、に対して懲役および罰金刑が定められた（第77～90条）。このうち「性的暴力」については、「暴力や脅迫、または巧妙な手口や一連の虚偽・説得により、児童に対し自己または第三者との性行為を強制した者」（第81条）や「暴力や脅迫、または巧妙な手口や一連の虚偽・説得によって児童にわいせつ行為を行った者、または行われることを知りながら放置した者」（第82条）に対し、「3年以上15年以下の懲役および6千万ルピア以上3億ルピア以下の罰金」が科されることとなった。子どもへの性犯罪に対する罰則を定めたこの第81条と第82条は、後の児童保護法改正の焦点となるものであり、また本稿の論旨に関わることからも重要である。

(2) 2度の児童保護法改正と性犯罪への罰則強化

2014年10月、児童保護法は12年ぶりに改正、即日施行された（UU No.35 Tahun 2014 tentang Perubahan atas UU No.23 Tahun 2002 tentang Perlindungan Anak）。改正の背景には、子どもの定義に関して各部門の法令間で不一致が生じていたことのほか、子どもを狙った犯罪（特に性犯罪）の増加を受け、中央政府のみならず地方政府および一般市民による児童保護活動への関与を強める必要が認識されたことがあった（注釈「総則」）。改正の要点は以下の3点である。すなわち、①モニタリングと評価を通した関係機関間の連携・調整と、財

源の明確化を含めた地方政府と一般市民の責務を強調したこと（第71E・72・73A条）、②「法的紛争内にある子ども」のうち特に性犯罪の被害児童に関して、治療および裁判中のケアや、性と生殖に関する健康・宗教的価値・良識についての教育を新たに規定し、その保護内容を充実させたこと（第69A条）、そして、③子どもに対する性犯罪への罰則を強化するため、第81条と第82条を改正したこと、である。③罰則強化の具体的内容は、違反者に課される法定刑を改正前の「3年以上15年以下の懲役および6千万ルピア以上3億ルピア以下の罰金」から「5年以上15年以下の懲役および50億ルピア以下の罰金」へと引き上げるとともに、加害者が両親/保護者・ベビーシッター・教師・その他の教育関係者の場合には法定刑の3分の1を追加するというものであった。以上3つの要点の他、子どもの性行動に関わる社会問題を反映し、HIV/AIDS感染児童の保護（第67C条）や、ポルノグラフィへのアクセスから子どもを守る義務（第67A条）が加えられたことも特徴的であった。

　以上の法改正により、性犯罪被害児童の保護体制は一先ず強化されたかに見えた。しかしながら全国各地で報告される児童虐待事件は後を絶たず、中でも2015年5月のバリにおける女児殺害事件と、2016年4月の西スマトラ・ブンクル州における女児集団暴行殺害事件[5]は連日報道されて社会に大きな衝撃を与えるとともに、子どもを狙った犯罪に対する厳罰化の論調を一層強めることとなった。2016年5月、これを受けたジョコ・ウィドド大統領は子どもに対する性犯罪を「特別な犯罪」と認定し、「2002年児童保護法の第2次改正に関する2016年法律代行政令第1号[6]」を制定した。これにより、性犯罪の罰則を定めた第81条と第82条が再度改正され、①被害児童が複数に上る場合や、暴行により重傷・精神障害・感染症・生殖機能障害を被った場合、または死亡した場合には、死刑、終身刑、または10年以上20年以下の懲役刑を科すこと（わいせつ行為の場合には法定刑の3分の1を追加）、②附加刑として個人情報の公開・化学的去勢・電子監視装置の装着を科すこと、が規定された（ただし加害者が18歳未満ならば適用されない）。さらに、③法定刑の3分の1が附加される場合の加害者の属性として、3親等内の親族および法執行官を含む児童保護関係者が加えられた。本政令は、厳罰化による抑止効果の有無や化学的去勢の人道性をめぐって議論を巻き起こしたが、同年10月に国会で同意され、法律となった。

自由投稿論文

2．少年による児童保護法違反の実態——ジャワの少年刑務所での調査から

(1) 調査の対象と方法

　以上のように児童保護法が成立し2度の改正が行われた2000年代から2010年代半ばにかけては、「法的紛争内にある子ども」の中でも特に性犯罪被害児童の保護が喫緊の課題とされた時期であった。しかし同時に、犯罪少年についてもダイバージョン（通常の裁判手続きからの離脱）を要とする前述の少年刑事司法制度法が2014年8月より全面施行され、抜本的な改革が進められてきた。こうした中、冒頭で述べたように、児童保護法に抵触し有罪判決を受ける少年のケースが顕著となっている。この問題の実態を明らかにするため、本節では2014年から2017年にかけてジャワ島内に設置された少年刑務所で行った調査データの一部を分析する。少年刑務所（Lembaga Pembinaan Khusus Anak）[7]は法務人権省地方局が管轄する刑事施設であり、通常の裁判手続きを経て拘禁刑判決を受けた少年を収容している。2015年8月に各州1施設の設置が義務付けられ、2016年12月現在、全国34州に33施設、ジャワ6州に6施設が置かれている。今回調査対象としたのは、ジャワの6施設のうち、ジョグジャカルタ特別州を除く5つの施設である。ジャワでは児童保護法違反で収容される少年の割合が全国平均（2017年7月データで11.3%）に比して高いことに着目した。表1は、各少年刑務所の全収容者数に占める「児童保護法違反」少年の割合を示したものである。なお、括弧内の数字は女子の内訳とし、表記がない場合は

表1　ジャワの少年刑務所における「児童保護法違反」少年の割合

施設名称	設置州	「児童保護法違反」者数	全収容者数	収容定員	全収容者数に占める「児童保護法違反」の割合	主な調査実施年月
タンゲラン少年刑務所	バンテン州	26	78	220	33.3%	2016年10月
ジャカルタ少年刑務所（サレンバ刑務所内）	ジャカルタ特別州	7	79	—	8.9%	2016年10月
バンドゥン少年刑務所	西部ジャワ州	74	180	432	41.1%	2017年9月
クトアルジョ少年刑務所	中部ジャワ州	27	66 (5)	65	40.9%	2016年2月
ブリタル少年刑務所	東部ジャワ州	76	117 (1)	400	65.0%	2016年9月

出典）各少年刑務所での調査時に入手した資料に基づき筆者作成。

すべて男子であることを示す。

このうち、以下で具体的な分析対象とするクトアルジョ少年刑務所[8]は、中部ジャワ州プルウォクルト県クトアルジョ郡の中心部に位置し、州内各地で有罪判決を受けた少年を収容している。ここでは、2005年に初めて児童保護法違反により少年8名が収容された。その数は年々増加傾向にあり、2011年以降は全体の約3〜4割に当たる20〜40名が毎年新たに収容されている。調査方法として、2014年12月から2016年10月にかけて十数回の参与観察と職員への聞

表2「児童保護法違反」少年の属性と被害者との関係および判決内容

	名前	年齢	世帯主の職業	事件当時の年齢	事件当時の就学状況	被害者との関係	被害者の年齢	被害者の妊娠の有無	ムシャワラ（合議）の有無	検察求刑	判決
1	S	16	出稼ぎ労働者（兄）	14	中学2年	恋人	14	なし	有	3年	1年6ヵ月
2	A	19	出稼ぎ労働者	18	中学2年次中退	恋人	17	なし	有	3年5ヵ月	1年8ヵ月
3	R	18	日雇い労働者	16	高校2年	恋人	17	なし	有	5年6ヵ月	3年3ヵ月
4	F	18	出稼ぎ労働者（母）	17	イスラーム中学1年次中退	恋人	−	なし	なし	6年2ヵ月	4年2ヵ月
5	SE	17	運転手	16	職業高校2年	恋人	15	有	有	2年3ヵ月	1年
6	SU	18	出稼ぎ労働者	16	小学校卒	友人	15	有	有	3年3ヵ月	2年2ヵ月
7	AR	16	日雇い労働者（母）	16	中学1年次中退	恋人	14	なし	有	2年6ヵ月	1年6ヵ月
8	D	16	（義父）	15	中学3年（ノンフォーマル）	恋人	15	なし	有	2年	1年2ヵ月
9	U	18	出稼ぎ労働者	17	小学校卒	友人	−	なし	なし	7年6ヵ月	3年6ヵ月
10	FA	17	農民	16	高校2年次中退	友人	16	なし	有	4年	2年6ヵ月
11	H	16	日雇い労働者	16	中学3年次中退	恋人	−	なし	有	3年	2年6ヵ月
12	DA	17	農民	16	中学3年	恋人	16	なし	有	2年	1年10ヵ月
13	RI	17	バイク修理工	16	高校2年	−	17	−	なし	2年	1年6ヵ月
14	W	19	農民	17	中学2年次中退	恋人	16	なし	有	5年6ヵ月	4年4ヵ月
15	SI	15	家政婦（母）	14	中学3年次中退	恋人	15	有	有	4年	2年
16	E	17	出稼ぎ労働者	16	高校1年次中退	恋人	15	なし	有	3年	1年8ヵ月
17	RF	15	木工職人	15	中学3年	親戚	5	−	有	6年	2年3ヵ月
18	T	18	農民	17	高校1年	恋人	16	なし	有	2年5ヵ月	2年4ヵ月

出典）少年刑務所収容者データおよびインタビュー結果にもとづき筆者作成。「−」は不明を示す。

き取り調査、文書収集を行ったほか、児童保護法違反をはじめとする計48名の少年（うち女子4名）を対象に、一人当たり40〜90分の半構造化インタビューを実施した[9]。表2は、これら対象者のうち「児童保護法違反」少年の属性、被害者との関係、ムシャワラ（合議）の有無、判決内容などを示している。「児童保護法違反」少年はすべて男子であり、このうち13番（児童への暴力・脅迫・迫害を禁じた第80条に違反）と17番（第82条に違反）以外はすべて第81条違反者、すなわち「暴力や脅迫、または巧妙な手口や一連の虚偽・説得により、児童に対し自己または第三者との性行為を強制した」として有罪判決を受けた少年である。第81条違反者が大部分を占める傾向は、他の少年刑務所でも同様である。

(2) 子どもの性をめぐる問題の解決プロセス——少年の語りから

以下では、これらの少年のうち、本稿が着目する慣習と法の問題が典型的に表れていると思われる事例を2つ取り上げ、子どもの性行動をめぐる問題の解決プロセスを考察する。事例①は、一夜限りの関係における性行為の結果、また事例②は、恋人関係における性行為と妊娠の結果、有罪判決を受けた少年の例である。

SU少年の場合（表2：6番）

中部ジャワ州内陸農村部出身のSU少年（18歳）は、出稼ぎ労働者の父と専業主婦の母をもつ5人兄妹の長男である。父はSU少年が幼い頃からジャカルタに出稼ぎに出ており、2〜3か月に一度帰省する。小学校卒業後、SU少年は費用の問題から進学せず、隣人のオートバイ修理店を時々手伝っていた。薬物は使用しないが、飲酒の習慣がある。性に関心をもったきっかけは、友人からポルノ映画について聞いたことである。やがて興味を抑えられなくなり、頻繁に異性と性的関係をもつようになった。学校や家庭で性に関する教育を受けた記憶はない。

事件の「被害者」である少女とは、遊びに行った友人宅で知り合った。帰り道に少女から性的関係をもとうと誘われたため別の友人宅へ行き、そこで落ち合った他の友人2人と順番に少女と関係を結んだ。SU少年は当時16歳、少女

は15歳であった。約1か月後の断食月のある日、少女の父親がSU少年の家を訪れ、少女の妊娠を告げた。その際、少女の父親がムシャワラ（合議）による「家族的な」解決を申し出たため、SU少年と2人の友人は後日、それぞれの保護者とRT（隣組）[10]長に付き添われて少女の家を訪れた。しかしムシャワラは開かれず、SU少年らは少女の父親と叔父ら複数人に囲まれて机や椅子で殴られた後、警察に通報された。その間、同行した少年らの保護者は仲裁できずに傍観していた。SU少年は通報を受けてやってきた警察官に連行され、郡の警察署で1晩、県の警察署で1日拘束された後、帰宅を許された。以後は週2回、警察署へ報告に来ることが義務付けられた。友人らは成人年齢に達していたため、そのまま拘禁された。約3か月後、事件が検察に送られた段階でSU少年は再び拘束され、県の成人拘置所に収容された。SU少年が後で聞いた話によると、しばらくして双方の家族間でムシャワラが開かれた。少女の父親は「刑を軽くするため」といってSU少年を含む「加害者」の家族それぞれに対し1億ルピア（約90万円）を要求したが、この申し出は拒否された。裁判で、SU少年には3年3か月の実刑が求刑された。判決は2年2か月の少年刑務所収容と6千万ルピアの罰金（または3か月の職業訓練）であった。裁判中、少女が以前から頻繁に異性と性的関係をもっていたことが分かった。ただし、量刑が少女の素行上の問題を考慮したものであったかどうかは明らかでない。

少年刑務所に入所後、SU少年は前期中等段階のノンフォーマル教育を受けている。県の保健センターの医師から性感染症のリスクについても学んだ。SU少年自身は本件について、少女が妊娠した子どもは誰の子か分からないし、要求された金額を支払うよりは刑務所に入る方がよいと考えている。また、誘ったのは少女の方であるのに自分だけが罰せられるのは理不尽であるが、もう終わったことなので仕方がないと感じている。出所後はジャカルタへ行き、叔父の仕事を手伝うか、屋台の売り子として働くつもりである。

SE少年の場合（表2：5番）

地方小都市出身のSE少年（17歳）は、運転手の父と専業主婦の母、中学3年生の弟との4人家族である。事件当時は16歳、公立職業高校の自動二輪科2年生であった。「被害者」とは学校の課題で友人宅を訪れた際に知り合い、双

方の両親の許可を得て交際を開始した。その後2人は、少女の家で頻繁に性的関係をもつようになった。性に関心をもったきっかけは、友人と集まってポルノ画像を観たことである。妊娠や性感染症のリスクについて学校や家庭で学んだ記憶はない。

　交際して約1年が経った頃、少女の妊娠が発覚し、2人の関係は両親の知るところとなった。少女は当時15歳、中学3年生であった。直ちにSE少年と少女、それぞれの家族、RT（隣組）長、村長が一堂に会してムシャワラが開かれた。SE少年と少女は結婚を望み、SE少年の父親もすぐに2人を結婚させようとしたが、少女の父親は若年での結婚に反対し、隣人に知られないよう、カリマンタンに住む親族に少女をしばらく預けるとして1千5百万ルピア（約14万円）を要求した。あくまで結婚を主張するSE少年の父親は警察へ通報するよう示唆し、結果、警察へ届け出がなされた。両家族は郡の警察署へ呼ばれて結婚に同意するよう説得を受けたが、少女の家族が断固拒否したため、事件は検察へ送られた。両家族は検察でも説得を受けたが合意に達さず、事件は地方裁判所に持ち込まれた。この間、SE少年には、通常の生活を送りながら週2回、警察署（のち検察庁）へ報告に来ることが義務付けられた。裁判所では裁判官からも結婚が促され、4度目の裁判で両家族はようやく合意に達した。両者ともに結婚可能最低年齢（男子は19歳、女子は16歳）に達していなかったため、宗教裁判所で特別免除を受けて結婚が成立した。検察の事前の話によれば、実刑判決でなく保護者による監督措置がとられるだろうとのことだったが、実際の求刑は2年3か月の少年刑務所収容であった。最終的に1年の判決が下り、同日夜、SE少年はクトアルジョ少年刑務所に収容された。奇しくもこの日の早朝、少女は子どもを出産した。

　SE少年は、事件を振り返って、いずれにしろ実刑判決が下るなら結婚しなければよかったと思っている。少年刑務所と自宅が比較的近いため、週1回は両親や少女が子どもを連れて面会に来る。SE少年は刑務所収容のために退学処分となり、現在は少年刑務所内で後期中等段階のノンフォーマル教育を受けている。少女も妊娠発覚後に退学したが、来年、別の私立学校へ転入する予定である。

3．考　察

(1)　婚前交渉に対する社会規範と性差にもとづく少年への態度

　事例①は、「加害者」が複数であったため少女の妊娠に対する責任の所在が明らかでなかったが、一回の婚前交渉自体が問題とされ有罪判決が下されたケースである。他方、事例②は、恋人関係における性行為の結果、少女が妊娠し、家族間のムシャワラ（合議）が合意に達しなかったために裁判に持ち込まれたケースである。後者の場合、最終的に結婚が成立したにも関わらず、有罪判決が下された。インタビューを受けた他の少年に関しても、妊娠の有無や裁判手続きに関して若干の違いはあるものの、事件の経緯は事例①②のいずれかと概ね同じである。

　表2が示すように、殆どのケースにおいて、少年と「被害者」の関係は恋人関係（または一夜限りの恋人関係）である。少年たちによれば、行為はすべて「合意」の上でなされたものであった。もちろん恋人関係においても性行為の強制は起こりうるため、彼らが主張するような「合意」が実際にあったかどうかは分からない。しかしいずれにせよ事例から明らかになったのは、妊娠の有無に関わらず（むしろ「被害者」が妊娠したケースは少数である）、当該社会において未成年の婚前交渉は大きな問題であり、発覚すれば、少年が「無垢」な少女をそそのかして一方的な欲望を満たしたと見なされる、ということである。この背景には、婚前交渉において損害を被るのは女性とその家族であり、男性側は何らかの形で責任を取るべきだとする価値規範や性交渉における女性の主体性についての考え方、またそれらを反映した、少年少女それぞれに対する異なる態度があると考えられる。多くの場合、少女には同情が寄せられる一方、少年に対しては非常に厳格な態度がとられている。事例①のSU少年が少女の親族から集団暴行を受けたように、こうした暴力が保護者や地域住民、法執行官から容認される例は少なくない。

(2)　問題解決のためのムシャワラ（合議）文化と法の適用

　表2が示すように、児童保護法違反の殆どのケースで、婚前交渉をめぐる問題の解決のために家族間のムシャワラが開かれている。事例②のように、発覚

後、直ちに結婚または金銭的な援助による解決が打診されるケースが多いが、事例①のように、警察に通報がなされた後に話し合いの場がもたれるケースもある。参加者は当事者の家族に限られることもあるが、多くの場合、RT（隣組）やRW（町内会）の長、村長、宗教家など、地域社会で尊敬される人物が仲裁者または証人として同席する。こうしたムシャワラの特徴は、関係者が一堂に会し、「家族的」(kekeluargaan) かつ「平和的」(damai) な雰囲気の中での対話を通して、少年と少女、双方の家族、そして地域社会にとっての最善の解決策を模索する点にある。ムシャワラの実施は一度きりのこともあるが、回答の先延ばしや条件の見直し等により数回に及ぶ場合もある。さらに、本調査で併せて実施した他の罪種の少年へのインタビューからは、児童保護法違反のような婚前交渉をめぐる問題に限らず、窃盗や暴行などの他の少年事件においても、こうした話し合いの場が設けられるケースが多いことが明らかとなった。以上のことから、慣習的な実践としてのムシャワラが、子どもの逸脱行動が引き起こした問題全般に対処するための有効な方法として、当該社会の人々により一定程度認められているといえよう。

　しかしながらその一方で「児童保護法違反」少年の存在は、国家法に基づくフォーマルな裁判手続きもまた人々の可能な選択肢となっていることを示している。関係発覚後すぐに警察へ通報されるのか、それともムシャワラが行き詰まって初めて通報されるのか、法的手段がとられるタイミングはケースによって異なるが、いずれにせよ、児童保護法の罰則規定を適用し、少年に刑事制裁を与えることで事態の収拾が図られている。また事例①の少女の父親が「刑を軽くするため」といって金銭を要求したように、ムシャワラの場で「被害者」側が減刑や警察への通報を仄めかし、交渉を有利に進めようとする例も多い。ここでは、一般に露骨な対立を避けて正否や善悪の二項対立によらない解決を目指すとされてきたムシャワラの中にも「被害者(=少女)－加害者(=少年)」の対立構図がもち込まれ、双方の関係に一種の緊張をもたらしていると考えられる。1970年代の論考においてLevは、ジャワ（とバリ）では、揉め事の解決に際してフォーマルな裁判手続きよりも慣習的な手続き、すなわち対話を通じた「ソフト」で妥協的な問題解決法（conciliation）が支配的であるとし、国民の大多数が司法制度と積極的な接点をもたないインドネシアでは慣習により司

法が「駆逐」される傾向にあると論じたが（Lev 2007:280-284）[11]、これに対して本稿の事例は、司法による解決もまた、子どもの行動をめぐる問題に直面した現代の人々にとって現実的な選択肢となっており、時にはムシャワラのあり方にも影響を与えていることを示している。

　以上のように、子ども同士の性交渉をめぐって生じた揉め事が児童保護法違反として刑事司法の場に持ち込まれることに加えて、ここにはもう一つの法、すなわち少年刑事司法制度法の適用に関わる問題がある。児童保護制度改革の一環として成立した2012年少年刑事司法制度法は、裁判手続きとそれに伴う身体拘束による弊害を最小限にするため、ダイバージョン（通常の裁判手続きからの離脱）の原則を導入したが、この原則は7年以上の拘禁刑を法定刑とする重罪についての適用が義務付けられていない（第7条）。このため、法定刑が5年以上15年以下（2016年改正後は条件により10年以上20年以下）の懲役である児童保護法違反は条件を満たさないと解釈され[12]、殆どの場合、一旦事件として警察に受理されるとダイバージョンの試みなしに裁判手続きが続行されることが、刑務所職員や別の機会に行った複数の法執行官へのインタビューから明らかとなった。本来保護の対象であるはずの少年に児童保護法の罰則規定が適用されるという状況に加え、これらの少年が少年刑事司法制度法の定めるダイバージョン原則の適用から除外されるという、法の適用をめぐる二重の問題が起こっているのである。

（3）　裁判手続きと少年刑務所の処遇が少年にもたらす影響

　ムシャワラによる当事者間の解決によらず、児童保護法違反としてフォーマルな裁判手続きによる問題解決が選択された結果、少年たちは逮捕、拘禁、裁判という非日常を経験することとなる。判決が下るまで通常の生活を許された事例②のSE少年を除き、インタビューを受けた少年は皆、逮捕または事件が検察に送られた段階で刑事施設に拘禁されている。表2が示すように、少年の半数近くは事件当時、在学中であったが、逮捕・拘禁により退学を余儀なくされた。少年用の刑事施設が限られているため、その殆どは地方裁判所の判決を待つ数か月間、各県/市に置かれた成人用の刑事施設に収容されている。この間、教育の機会は限定され、法執行官や成人受刑者から暴力を受けるケースも

多い。

　刑が確定して少年刑務所に移送されると、少年たちは各種の育成指導プログラムに参加する。クトアルジョ少年刑務所では初等・中等段階のノンフォーマル教育が実施されており、教育文化省と協力して刑務所内で実施される統一卒業試験に合格すれば、フォーマル教育と同等の資格を得られることになっている。しかし、主な教師（チューター）は周辺の学校の教師であるため、勤務校の都合で授業がキャンセルされることが多く、また一部の授業を担当する刑務所職員は資格をもっていない。少年が卒業試験前に刑期を終えて出所し、結局は卒業資格を得られないという問題もある。クトアルジョを含め多くの少年刑務所では監視塔を備えたオランダ植民地時代の建物が使用されており、数名から十数名を収容する天井の高い居室の鉄扉は数時間毎に施錠されるなど、少年らがしばしば口にするように、「監獄」(penjara) のイメージは依然として強い。児童保護制度改革の下、法執行官の威圧的態度の改善や刑事施設の環境整備が進められていることも確かであるが、現状では、逮捕・拘禁に伴うドロップアウトや暴力被害、犯罪者としてのスティグマ（烙印）など、裁判手続きと少年刑務所の処遇の現状が少年にもたらす負の影響は大きいといえよう。

おわりに

　本稿は、ジャワの「児童保護法違反」少年を事例とし、ムシャワラ（合議）文化と法の適用の観点から子どもの性をめぐる問題解決の実態を明らかにするとともに、フォーマルな裁判プロセスと少年刑務所における処遇の現状が少年に与える影響について考察することを目的とした。民主化後のインドネシアでは、2002年児童保護法を柱に「法的紛争内にある子ども」の保護体制の構築が進められ、そのうち犯罪少年についても、様々な弊害をもたらす裁判手続きを回避するための改革が行われてきた。しかしその一方で近年、児童保護法に抵触し有罪判決を受ける少年のケースが顕著となっている。本稿はこの点に着目し、ジャワの少年刑務所で調査を行った。分析の結果、①児童保護法違反の事例の殆どが、恋人関係における性行為や妊娠の責任を問われたものであること、②背景には、婚前交渉についての当該社会の価値規範を反映した、男子にのみ責任を問う厳格な態度があること、③問題解決にあたって、対話を通して

双方にとっての最善を模索する慣習的なムシャワラが一定程度実施されながらも、最終的には児童保護法の罰則規定が適用され、裁判による問題解決が選択されていること、④これらのケースが一旦裁判プロセスに持ち込まれると、2012年少年刑事司法制度法の定めるダイバージョン（通常の裁判手続きからの離脱）原則が適用されないこと、⑤この結果、多くの少年が身体を拘束され暴力被害を受けるとともに教育機会を制限されており、現状では裁判手続きと少年刑務所への収容が彼らの将来にもたらす負の影響が大きいこと、が明らかとなった。少年による児童保護法違反は、児童保護の理念と政策、社会の性規範や慣習のあり方、司法に対する人々の意識、法執行官による法解釈、といった様々な要素が交差する場に生じたものといえる。

　こうした状況に対して現場の関係者からは、現行の児童保護法は実のところ「女子児童保護法」であるとの批判や、必要なのは男子に対する刑罰ではなく男女双方への適切な指導であるとの意見が上がっているが[13]、現時点で問題解決に向けた政府の動きは見られない。その一方で、性犯罪への厳罰化要求の高まりを背景に、「児童保護法違反」少年は今後も増え続けるのではないかと懸念されている。本稿の事例は、子どもの権利保障や保護の理念が実社会においていかに体現され、彼らの健やかな成長を実現しうるのかについて、文化の固有性に着目しつつ複合的な視点から理解することの必要を示唆している。

　最後に、本稿はジャワを事例としたものであり、他の地域における児童保護法違反の実態把握と地域間比較のためには更なる調査・分析を要すること、また少年刑務所での調査データを使用したことから、ムシャワラによって問題が解決された場合の、地域社会を基盤とする教育のあり方について議論を深められなかったことを挙げておく。ムシャワラはRT（隣組）/RW（町内会）といった住民組織を実施単位とする傾向があり、さらには1990年代末以降の地方分権化とそれを背景とする慣習法（アダット）復興も踏まえて検討される必要がある。また子どもの性行動をめぐっては、近年、インターネット端末の急速な普及とポルノグラフィへのアクセスの容易化などを背景に性規範の世代間ギャップが強く意識されており、性教育のあり方について議論が高まりつつある[14]。以上の問題への宗教（特にイスラーム）の影響も検討されなければならない。これらを今後の課題としたい。

自由投稿論文

【付記】 本研究は、2014年10月から2016年10月にかけて（公財）インペックス教育交流財団奨学生として長期留学した際に個人で実施したものである。留学受入先であるディポネゴロ大学アジア研究センターの協力のもと、インドネシア研究技術・高等教育省から許可を得た。2017年7月から9月にかけて補足調査を行った。

【注】
(1) 子どもの権利保障を論じる際、日本では一般に「児童福祉」の語が用いられ、また近年では「ウェルフェア」から「ウェルビーイング」（自己実現）への転換の観点から「児童家庭福祉」の語も使われる（福田・山縣編著2015）。ただし、インドネシアでは「保護」の側面が強調されること、また基本的に「perlindungan」（保護）の語が用いられることから、本稿では直訳して「児童保護」とした。
(2) 「Restorative Justice」（修復的司法）は、国家による加害者への報復を原則とする応報的司法に対し、犯罪を人々およびその関係への侵害と捉え、当事者間の対話を通して関係修復を図るものと理解される（細井・西村ほか2006:612）。
(3) ムシャワラはアラビア語を起源とするが、独立後はムスリム共同体に限定されないインドネシア独自の民主主義の形態と見なされてきた（Benda-Beckmann 1984:1）。少年事件の解決におけるムシャワラの実態は、神内（2017）に詳しい。インドネシアの法と社会をめぐっては、国家法（hukum）・慣習法（adat）・イスラーム法が併存する多元的法体制を前提に、揉め事の解決や集団の意思決定におけるこれらの法の適用の如何について議論が蓄積されている（高野2015）。
(4) パンチャシラとは国是をなす5原則であり、①唯一神への信仰、②公正で文化的な人道主義、③インドネシアの統一、④協議と代議制において叡智によって導かれる民主主義、⑤インドネシア全人民に対する社会正義、から成る。
(5) 前者は少女E（当時8歳）が行方不明となり、自宅裏庭の土中から遺体で発見された事件である。本事件で養母と使用人が有罪となった。また後者は、少女Y（当時14歳）が下校中に青少年14名から集団暴行を受け死亡した事件である。
(6) 法律代行政令は法律と同等の効力を有する政令で、緊急の特別な事情がある場合の大統領権限として制定が認められている（憲法第22条）。本政令は直後の会期中に国会の同意を得なければならず、得られない場合は失効する。
(7) 本施設は、2015年8月に「少年刑務所」(Lembaga Pemasyarakatan Anak)から「少年特別育成施設」(Lembaga Pembinaan Khusus Anak)へと改称された。ただし実態を踏まえ、本稿ではそのまま「少年刑務所」と記す。
(8) 本施設は過去40年来のデータを保存しており、収容状況の変化等を把握できることから事例として選定した。施設設備や処遇の種類は他と概ね同じである。
(9) インタビューは、2015年8月22～31日に22名（うち児童保護法違反8名）を、2016年2月11～24日に26名（うち児童保護法違反18名）を対象に実施した。紙幅の制限上、本稿は後者のデータを使用している。対象者の選出にあたっては、罪種ごとの人数の希望を職員に伝

(10) RT（Rukun Tetangga）と、いくつかのRTから構成されるRW（Rukun Warga）は、ゴトン・ロヨン（相互扶助）を実践する住民組織であり、日本軍占領下ジャワで日本の隣保制度を模して作られた経緯から、それぞれ隣組、町内会と訳されてきた。RT/RWは1983年にインドネシア全土で法制化された（小林2006）。
(11) ただし、Levは論考において「ムシャワラ」という表現自体は用いていない。また口羽は、ジャワ農村において最も高く評価される価値として「gotong royong」（相互扶助）と「rukun」（和合）を挙げ、「たとえ見せかけであっても満場一致に達するような問題の解決法が理想とされる」（口羽1964:7）としている。
(12) ここでは法定刑の下限（5年）ではなく上限の年数（15年）が考慮される。なお少年への刑は「成人の場合の2分の1以下」と規定されており、実際の量刑も2-3年程度のケースが多いが、ダイバージョン適用の判断はあくまで法定刑の上限が基準となる。児童保護法違反の法定刑の上限15年を半分にしても7.5年であり、やはり7年以上となるためダイバージョンの条件を満たさない。
(13) ジャワ各州で児童保護に取り組むNGOスタッフや法執行官を対象に筆者が行った聞き取り調査による。例えば、西部ジャワ州バンドゥンの非政府組織バテラ（Yayasan Bahtera）の勉強会では、この問題への児童保護法の適用が批判された（2017年9月8日）。ただし、ムシャワラによる解決に関しても若年婚の問題などが指摘されており、慣習への単純な回帰が目指されているわけではない。
(14) 性教育をめぐっては、社会変化に応じたカリキュラム改革を求める声が民間団体を中心に高まっている。これに対し2016年5月、当時の教育文化省初等中等教育総局長は、性教育は2013年カリキュラムにすでに含まれていると反論した（"Kemdikbud:Pendidikan Seks Sudah Masuk Kurikulum," *CNN Indonesia*. May 21, 2016. https://www.cnnindonesia.com）（2018年7月10日最終閲覧）。

【引用文献】

赤星まゆみ（1993）「フランスにおける子ども文化の位置づけ」『比較教育学研究』第19号、195-170頁。

荒木慎一郎（1986）「西ドイツの社会変化と青少年非行」『日本比較教育学会紀要』第12号、15-18頁。

Bagong Suyanto（2013）. *Masalah Sosial Anak*, Jakarta: Prenada Media Group.

Benda-Beckmann, Keebet von（1984）.*The Broken Stairways to Consensus: Village Justice and State Courts in Minangkabau*. Dordrecht:Foris.

福田公教・山縣文治編著（2015）『児童家庭福祉［第4版］』ミネルヴァ書房。

細井洋子・西村春夫ほか編著（2006）『修復的司法の総合的研究―刑罰を越え新たな正義を求めて』風間書房。

一見真理子（1993）「中国における子ども、子ども観、子どもの権利」『比較教育学研究』第19号、171-177頁。

神内陽子（2017）「インドネシアにおける非行少年の立ち直り支援―ムシャワラ（合議）を通じ

た問題解決と地域の役割に着目して」『比較教育学研究』第55号、134-156頁。

小林和夫（2006）「スハルト新秩序体制におけるRT/RW制度の嚆矢―ジャカルタにおける1966年RT/RW法制化」『東南アジア 歴史と文化』第35号、103-134頁。

近藤孝弘・中矢礼美・西野節男編著（2018）『リーディングス比較教育学 地域研究―多様性の教育学へ』東信堂。

口羽益生（1964）「ジャワ人の世界観」『東南アジア研究』第2巻第1号、22-12頁。

Lev, D S. (2007). 'Judicial Institutions and Legal Culture in Indonesia' in Claire Holt ed. *Culture and Politics in Indonesia*. United States: Equinox Publishing, pp.246-318.

増原綾子（2012）「ポスト・スハルト期のインドネシアにおける社会保障・福祉政策の展開―2004年国家社会保障システム法、2009年社会福祉法、2011年貧困者対策法を中心に」『亜細亜大学国際関係紀要』第22巻第1号、13-73頁。

沖原豊・大谷光長編（1988）『各国の性教育と薬物教育』東信堂。

高野さやか（2015）『ポスト・スハルト期インドネシアの法と社会―裁くことと裁かないことの民族誌』三元社。

Waluyadi (2009). *Hukum Perlindugan Anak*, Bandung: CV.Mandar Maju.

Problem Resolution concerning Juvenile Sexual Behavior in Indonesia:
A Case Study of Child Offenders who Violate the Child Protection Act

Yoko JINNAI

(Graduate Student, Nagoya University)

In Indonesia, recently there are remarkable numbers of child offenders who violate the Child Protection Act and end up in prison, even though child protection reform has been vigorously promoted since 1998. The purpose of this article is to discuss the process of dispute resolution related to juvenile sexual behavior, regarding the manner in which problems are dealt with; that is, whether they are solved conventionally through *musyawarah*, a customary way of consensus decision making to reach unanimity, or legally by applying national statute law.

Along with the process of democratization since the Suharto regime collapsed in 1998, reforms in the child protection system have been promoted in Indonesia, including the establishment of the Child Protection Act in 2002 (Law No.23). In this reform, one of the main issues has been the protection of children in conflict with the law (*Anak yang Berhadapan dengan Hukum*), which consists of those who are suspected or accused of committing an offence (child offender), those who are damaged by a crime (child victim), or those who provide testimonial evidence related to a crime (child witness). Especially among these, important reforms regarding child offenders have been achieved under the Juvenile Justice System Act (Law No.11/2012), which introduced a "Diversion" policy aimed to direct children away from judicial proceedings and towards community-based solutions. On the other hand, since the mid-2000s, there has been a new problematic situation: remarkable numbers of child offenders are being accused and convicted of "violating" the Child Protection Act. According to data offered by the Directorate General of Corrections, 11.3% of child offenders incarcerated in prison throughout Indonesia are violators of the Child Protection Act (as of 1 July, 2017). This is the third most common crime after robbery (25.8%) and illegal drug use (17.2%). So, the question is; why has such a situation arisen?

In order to answer the question, I firstly discuss Indonesian child protection policy and its legal framework, and then analyze interview results conducted in several juvenile prisons located in Java. For detailed analysis, two cases of Child Protection Act violation are taken as examples. One is a case in which a 16-year-old boy was sentenced to 2.2-year imprisonment after having an overnight affair with a 15-year-old girl; the other is a case in which a 16-year-old boy was sentenced to one-year's imprisonment for having a constant sexual relationship with his girlfriend, resulting in her pregnancy.

The findings are as follows:

(1) From the analysis of Indonesian child protection policy and its legal framework, it was revealed that for child victims, reforms have been done through the establishment of the Child Protection Act and its subsequent revisions, aiming to give more stringent punishment to sex offenders against children and for child offenders, through the implementation of the Juvenile Justice System Act based on diversion policy.

(2) There are many examples of child offenders accused of violating the Child Protection Act then going to prison, with most found guilty for having a sexual relationship with their girlfriends or making them pregnant.

(3) One factor in such situations is that there is a certain way of thinking among parents, community members, and law enforcement officials that girls are the absolute subject of protection, while boys are often regarded as deserving of punishment when they "damage" girls and disturb the harmony of the community. Even cruel violence against boys is approved of in some cases.

(4) Another aspect related to culture is that it has been commonly observed that the problem of premarital sex and pregnancy between minors is solved between related parties or dealt with in the community itself through *musyawarah*, that is, customary practice of consensus decision making to reach unanimity *(mufakat)*, where dialogue and a "family-like atmosphere" *(kekeluargaan)* are important elements to seek the best solution for all. To bring cases to judicial proceedings and seek legal sanction is now familiar, while *musyawarah* is still often conducted. There is a possibility that this kind of tendency is contributing to enforce the "victim (girl) - offender (boy)" confrontational picture or binary opposition and increase tensions between them in the practice of *musyawarah*.

(5) The Juvenile Justice System Act in 2012 introduced a diversion principle to direct children away from judicial proceedings and towards community-based solutions. However, in general, this principle is not applied to the cases of violation of the Child Protection Act, because diversion is mandatory only in those cases where the criminal act is equivalent to a statutory penalty of less than 7 years imprisonment. Therefore, child offenders accused of violating the Child Protection Act, whose statutory penalty is 15 years imprisonment at maximum (after the second revision in

2016, 10 to 20 years imprisonment can be decided for certain cases), are put outside of the application of the diversion principle and therefore lead to formal judicial proceedings which often result in incarceration. Here, we can find the two problems related to law application: First, the penal provision in the Child Protection Act is applied to boys who should be protected by the Act itself, and secondly, that those boys are excluded from the application of diversion regulated in the Juvenile Justice System Act.

(6) According to interviews and observation in juvenile prison, judicial proceedings and resulting incarceration have a negative impact on children such as leaving school, experience of violence by some law officers and adult prisoners, and also receiving the stigma as a criminal.

Based on the above findings, the article concluded that the Indonesian case shows that it is necessary for us to have a compound perspective including culture and law in order to understand how the idea or principle of the child's rights can be embodied in society to make all children's well-being come true.

―― 自由投稿論文 ――

ラオスにおける保護者の教育意識の構成要因とその構造
――首都ヴィエンチャンを事例に――

元川　将仁
(神戸大学大学院)

はじめに

　ラオス人民民主共和国（以下、ラオス）では、ラオス人民革命党による支配と安定的な国民統合、さらには2020年までの最貧国からの脱出を目指して、教育分野を国家の中心的事業に置いている[1]。近年では、建国当初から取り組まれてきた初等教育レベルの文化補習教育が全国において達成された[2]。また、初等教育への就学率は97.7％（2017年）となり、順調に普遍化されつつある[3]。こうした教育政策の成果は、「万人のための教育（EFA）」目標、「ミレニアム開発目標（MDGs）」、現在では「持続可能な開発目標（SDGs）」に沿って教育状況を改善してきた結果であると言える[4]。

　しかしその一方で、初等教育におけるラオス語や算数の学習成果、それに加えて、教育の内部効率性が低いことが指摘されている[5]。その原因として、農村・山岳部における教育資源の不足や郡・村教育機関による管理・指導不足が挙げられている。つまり、ラオス初等教育における教育状況は、都市部と農村部を比べてみると、教育格差の拡大が目につく状態ということである。

　発展途上国における農村部や貧困地域において、家庭が子どもを学校に通わせる社会経済的余裕がないという説明は、多くの先行研究や国際機関の報告書において見受けられる[6]。しかし、ラオスにおける初等教育は基本的に無償であり、金銭的な要因によって通学や学習が阻止されているという事実はほとんどない[7]。家計調査データ（The Lao Expenditure and Consumption Survey）からKing & Van de Walle (2007) は、都市部・農村部ともに、最も大きな通学させ

ない理由が「学校に興味がない」ことを示している[8]。つまり保護者は、子どもを学校に通わせるだけの魅力や必要性を理解していないことが推察される。言い換えれば、学校教育への考え・価値観・志向性・態度など（以下、教育意識）が低いと言える。

しかし、社会経済的背景が大きく異なる都市部と農村部において、「学校に興味がない」という理由は共通するのだろうか。では反対に、「学校へ通わせる」理由はどうであろうか。こうした保護者の教育意識は、菅見の限りラオスにおいて明らかにされていない。そこで本研究では、ラオスにおける教育意識はどのような要因で構成されているのか、また、都市部と農村部においてそれはどのように異なるかといった根本的な問いを立てた。

こうした問いに答えることで、本研究はラオスにおける保護者の教育意識はどのような特質をもつのかを都市部と農村部の地域性の違いに着目しつつ明らかにすることを目的とする。こうした教育意識の特質を明らかにすることは、ラオスを含む発展途上国における教育格差の研究が、人々の教育意識に深い関心を寄せてこなかったことから生まれた、現実社会と研究の差を埋めることにつながる。さらに、家庭や個人を単位とした経済状況や社会的地位とは異なり、都市部と農村部という社会集団の違いから教育意識を分析することで、ラオスの地域間格差の実態に迫る点に本研究の意義がある。

以上の目的のため、第1節で先行研究から多元的な教育意識をラオスの中で捉えるための理論的枠組みを提示したうえで、第2節でラオスにおける基本情報、第3節で調査方法を示す。第4節で教育意識の要因を抽出し、第5節では抽出された教育意識の構造を描く。そして第6節において、教育意識の要因とその構造がどのように異なるのかを地域に着目しつつ明らかにする。

1．先行研究と理論的枠組み──社会意識論の視点から

教育の不平等は様々な分野から研究されている。そこで伝統的に着目されてきたのは、子どもの学力や進学における親の社会経済的格差である[9]。また近年では、学力や進学における親の教育意識の差も注目されている[10]。そこで、ラオスにおける教育格差も、親の教育意識の差による影響があると考えられる。

ラオスにおける教育格差を論じている貴重な研究として、乾（2004）はラオス少数民族（モン族）の初等教育における就学率やラオス語の識字率といった指標から、教育格差を論じている[11]。また、そこではモン族の保護者がもつ学校への不満が丁寧に記述されている。しかし、それは一部の保護者の意識であって、同時にその他大勢の保護者の教育に対する考え・価値観と比較しない限り、ラオスにおける教育格差の本質は明らかにならない。前述したKing and van de Walle（2007）の研究が示したように、ラオスでの教育格差に関する研究において、社会経済的背景と教育格差との関係の背後に、保護者の教育に対する考え・価値観による違いが存在するという指摘はある[12]。

　その一方、先進国における教育格差研究では、社会経済的背景によって「どこまで教育を受けさせたいか」という進学期待の「高さ－低さ」が異なり、その違いが教育格差を作り出すという枠組みで論じられてきた[13]。片岡（2018）は、こうした教育格差に関する研究が、進学することを前提にした学力や勉強する習慣が最も大切であるという大前提に立っていることを「勉強ハビトゥスの染み付いた研究者の悪しきハビトゥス」（223頁）であると指摘する[14]。こうした指摘は、学校教育やシステムが社会の多様化に適応できず、現代社会の変化に取り残されているということを示す。さらに北村（2015）は、発展途上国においては厳しい環境を生き抜くための生活能力や市民性が求められているという[15]。つまり、ラオス社会において求められる教育・ラオスの人々の教育意識は、新しく調査・研究されるべき対象なのである[16]。

　そこで、教育意識を「学力」や「進学」だけではなく、より多元的に理解するために有益なのが社会意識論の観点である。吉川（2014）は、社会意識論とは日本社会を対象にして「日本で固有に培われてきた学術用語」（48頁）であり、「社会構造（社会のしくみ）が社会意識（「社会の心」）に及ぼす影響力を解明する分野である」（44頁）としている。この社会意識とは、「ある社会集団の成員に共有されている意識」を指す[18]。その内実は、主体性、主観、心理、文化など人の心理的な概念を包括する広い言葉を意味する。ただし、「社会意識」それ自体は個別の研究対象とならず、個別の研究においては〇〇意識・〇〇感・〇〇性など下位概念が実用される。また、このような「社会集団」とは職業・学歴・収入などで構成された社会階層を指す[19]。すなわち、先行研究を

踏まえつつ社会意識論を援用すれば、教育意識は、保護者の学校教育に対する主観的な考え方や価値観である一方で、その保護者が属する社会集団の中で共有されているという枠組みで理解できる。

ただし、こうした研究枠組みは見田や吉川の社会意識論だけではなく、海外において社会心理学、世論研究などにおいても見受けられる。中でも、Kohnによる一連の「職業とパーソナリティ研究」は見田や吉川の社会意識論と共通の枠組みを持ち、社会学の分野に大きな影響を与えてきた[20]。彼以前にも、Lipset（1959）は階層・階級の違いが人々の価値観や意識を形成することを提示している[21]。その一方で、Kohnは価値観や意識がなぜ階層・階級で異なるのかを「セルフディレクション－同調性」という軸に多様な意識を一つに束ねて、パーソナリティの違いとして説明した。彼は、このセルフディレクションとは「自分の力で考えて判断を下すことであり、権威の定める所に従うのとは対極にある」(55頁)と定義し、親の社会的地位が高いほど「セルフディレクション」志向の教育意識をもつこと明らかにしている[22]。

ただし、ラオスの教育格差における先行研究と社会的背景を考慮すると、伝統的に着目されてきた社会階層によって保護者の社会的属性を束ねることは適切と言えない。その根拠として、教育や職業の重要性を述べながらも、地域性がラオスにおける教育行動に深刻な影響を与えることを明らかにした駿河・オンパンダラ（2010）の研究が挙げられる[23]。そのため、階層的地位変数で構成された伝統的な社会階層ではなく、地域を一つの社会集団として捉えた教育意識の新しい視点が必要であると考える。

以上より、本研究の理論的枠組みとして図1が設定できる。これまでに触れ

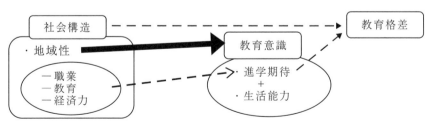

図1　保護者の教育意識の分析枠組み
出典）筆者作成。

自由投稿論文

てきた先行研究の多くは、教育格差をめぐる社会構造と進学期待の関係性であった（点線部）。しかし、本研究ではラオスにおける先行研究が示すように地域特性を注目し、社会構造からではなく地域で束ねられた教育意識の特徴を捉える（実線部）。また、「保護者のもつ教育意識とは何か」を進学期待に集約することなく、保護者の学校教育に対する考え・価値観に基づいた全ての回答を分析の対象とする。

2．ラオスにおける社会構造と初等教育制度

　本節では、ラオス初等教育の教育制度とそこに学齢期の子どもをもつ保護者の教育意識を規定する社会構造の概要を明示する。その際、社会構造の概要は、階層的地位変数で主に用いられる職業・学歴・収入と、ラオスにおいて重要な地域性に絞る。

　ラオスにおける初等教育は、就学前教育・中等教育と並んで一般教育の一つである[24]。その中でも、初等教育の5年間と前期中等教育の4年間は義務教育である。1991年に制定された憲法の19条においては、6歳以上のすべての国民が義務教育を受けるべきであると定められている。子どもが教育を受ける権利に関しては、2001年に公布された教育法第1章・第3条（国民の権利と教育）と第5章・第22条に明記されている。さらに、保護者の教育を受けさせる義務に関しては、第9章・第47条において明記されている。

　このように、ラオスにおける初等教育は法的にも保証されている一方で、全ての保護者が教育上の義務を果たしているわけではない。それは、初等教育における留年率4.2％、退学率4.5％、前期中等教育進学率90.5％（2017）などからわかる[25]。さらに、保護者世代（30歳から49歳）における学歴は、過半数が初等教育修了以下である[26]。つまり、保護者世代における学歴は義務教育の範囲におおよそ収まると言える。次に職業であるが、その特徴として失業率が2.1％と極めて低く、労働者の約70％が農業・林業・漁業、23％がサービス業、7％が鉱工業に従事している[27]。インフレが続くラオスにおいて、政府は最低月額賃金を数年に一度改訂しており、2018年5月時点では1,100,000kip（約131ドル）と設定している[28]。JETRO（2013）による調査では、一般工の

月額基本給料は132ドル、非製造業スタッフは321ドルであることが明らかになっているものの、産業や会社別の平均月額賃金の全体は明らかにされていない[29]。しかし、労働者人口の70％が第一次産業に従事するラオスにおいて、賃金構造は第一次産業とその他の産業との間には大きな格差が存在することが推察される。

　このように、ラオスにおける社会構造の調査は進んでいないこともあり、不確実性が多く潜んでいる。学歴の違いは地域によって明らかに異なり、都市部は高学歴化が進んでいる。農林水産業は全国的に多いものの、経済特区などの大規模な製造業の多くは都市部に点在する。それに伴って、人々の収入も都市部の方が高い。こうした観点から、本研究は社会構造ではなく地域性へ注目するに至った。また、ここで注意すべき点は都市部と農村部の定義である。ラオスにおける都市部と農村部の定義は、複数存在する[30]。本研究では、その中でも最も大規模な調査であるラオス国勢調査（2015）の定義に基づいて、都市部を県・郡事務所周辺で600人または100世帯以上の人口、かつ自動車道路・電気・水道・市場がある集落と定義する[31]。

3．調査方法とデータ

　本研究のデータは、首都ヴィエンチャンに住み、子どもが初等教育に在籍している保護者96名への聞き取り調査によるものである。教育意識の要因抽出には大規模な統計調査より時間をかけた聞き取り調査の方が適切であるが、少人数の調査対象者から広範囲な人口へ一般化することは危険である。本研究では継続的に学校へ通っている子どもの保護者に焦点を当てることにした。すなわち、ラオスにおける学校教育をどのように解釈するかに関し、より彼らの実際の経験から蓄積された教育意識に焦点を当てたわけである。その1つの方法として、初等教育の最終学年である第5学年に子どもを通わせている保護者に「なぜ子どもを学校に行かせるのか」を問うた。その理由は、第1に初等教育を卒業する子どもが過半数を大幅に超えて、教育政策の焦点は初等教育の普遍化から入学後へと切り替わっている点が挙げられる[32]。第2に、子どもを留年・退学させた経験のある保護者は、一般的な保護者と比較して教育意識が低

い可能性がある。こうした場合の家庭は一般的に貧困であり、子どもを家庭の重要な労働力であるとみなすことが予想される。そこで、第5学年における適正年齢である10歳の子どもをもつ保護者のみを対象とした。このように対象者を統制することで、学校教育に対して極端に消極的であることや、子どもの教育よりも家計を優先する保護者が含まれる可能性は少なくなった。つまり、本研究における対象者は基本的に学校で受ける教育を望んでいる保護者集団である。そして、本研究で明らかになる教育意識とは、学校教育の範囲内で保護者が子どもに対して抱く教育意識である。

調査対象者のサンプリングは機縁法による。96人の保護者のうち44人が都市部在住、52人が農村部在住であった[33]。以上のように今回の調査では、96人というサンプル数を考慮し、対象者の属性をある程度統一することによって意味ある比較分析が可能となった。聞き取り調査は2018年に実施した。96人のうち59人が母親、37人が父親であり、その子どもは66人が女の子で、30人が男の子であった。インタビュー手法には、ラダーリング手法を取り入れた半構造化インタビューを用いた。インタビューは短いもので10分、長いものでは30分に及んだ。また、他者の教育意識が本人の話に影響を与えないよう、原則として個別に話を聞いた。また、96人の年齢構成は20歳代が10人、30歳代が61人、40歳代が25人であり、平均年齢は36歳であった。今回の調査では、第5学年に双子や三つ子をもつ保護者はいなかった。また、兄弟が違う学年にいる場合であっても第5学年の子どもに対する教育意識のみを尋ねた。

4．教育意識の構成要因

保護者は、少なからず何かしらの学校に対する関心があるからこそ「子どもを学校に送り出す」という教育行動を選択していると考えられる。そこで、「なぜ子どもを学校に行かせるのか」という基本的な質問によって感覚的理解、その回答に対して「○○だと何故いいのか」と問うことで上位概念の抽象的価値観、「○○を達成するためにはどうすれば良いのか」と問うことで下位概念の具体的価値観を引き出した[34]。

対象者96名の結果全体を総括したものを、図2で示した。感覚的理解におい

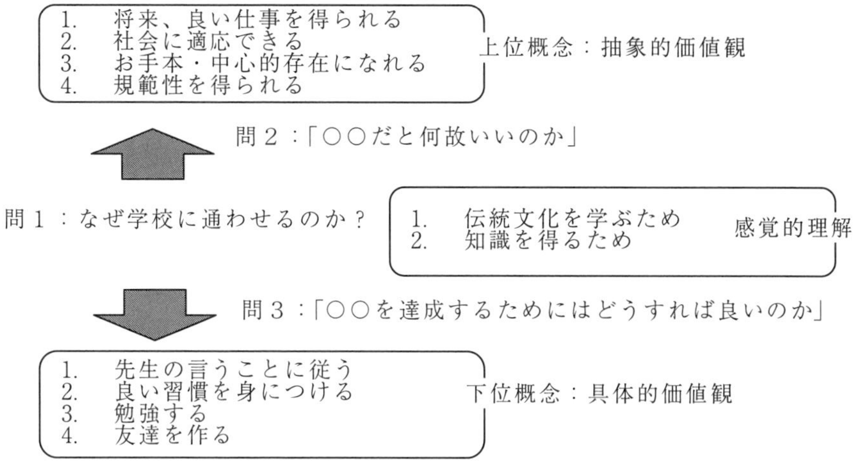

```
┌─────────────────────────────┐
│ 1. 将来、良い仕事を得られる     │
│ 2. 社会に適応できる            │ 上位概念：抽象的価値観
│ 3. お手本・中心的存在になれる   │
│ 4. 規範性を得られる            │
└─────────────────────────────┘
              ↑
         問２：「○○だと何故いいのか」

問１：なぜ学校に通わせるのか？  ┌────────────────────┐
                              │ 1. 伝統文化を学ぶため │ 感覚的理解
                              │ 2. 知識を得るため     │
                              └────────────────────┘
              ↓
         問３：「○○を達成するためにはどうすれば良いのか」
┌─────────────────────────────┐
│ 1. 先生の言うことに従う         │
│ 2. 良い習慣を身につける         │ 下位概念：具体的価値観
│ 3. 勉強する                   │
│ 4. 友達を作る                 │
└─────────────────────────────┘
```

図２　保護者への質問内容と教育意識の要因
出典）調査結果に基づき筆者作成。

て「ラオス伝統文化を学んで欲しい」、「知識を得て欲しい」という回答が挙げられた。抽象的価値観として「将来、良い仕事を得られる」、「社会に適応できる」、「お手本・中心的存在になれる」、「規範性を得られる」などが挙げられた。具体的価値観として「先生の言うことに従う」、「良い習慣を身につける」、「勉強する」、「友達を作る」などが挙げられた。感覚的理解や抽象的価値観において、「知識の習得」や「勉強すること」のような学歴社会においても多く見られそうな回答が多く挙げられた一方で、より具体的に「学校に通わせる」理由を探ると、彼らが日常で接する人や地域においてラオス人としてあるべき姿を求める傾向にあると言える。

　先行研究において教育意識を代表してきた「学歴・進学への期待（以下、進学期待）」は、ラオスにおいても見受けられる教育意識を構成する要因の一つである一方で、教育意識を構成する単なる要因の一つであることも事実である。ただし、本研究から進学期待の影響が他の要因と比べて大きい・小さいということは言えないため、ここでは、「ラオスにおける教育意識には多様な要因が含まれており、その一つが進学期待である」という結果でとどめておく。

　次節では、感覚的理解を分類しつつ地域性の違いに着目し、保護者の潜在的

自由投稿論文

な教育意識を分析する。それによって、教育意識の要因がどのように構造化されているのかを明らかにする。

5．教育意識の構造

(1) 学校教育の感覚的理解

聞き取り調査を行った96人のうち50人の保護者が「多くの知識を得るため」とし、最も多い回答であった。どのような「知識」を想定しているのかを尋ねると、基本的には「ラオス語」「算数」「英語」「歴史」といった教科名で返答された（図3-①）。しかし、ある保護者たちは知識の内容として「地域のしきたり」と答えている（図3-②）。また、その回答の続きである「（地域のしきたり）を先生に教えてもらう」という言葉から、先生は知識の伝道者であると同時に村の指導者ということがうかがえる。感覚的理解において「知識」を想定したのは、農村部で生活する保護者がほとんどであった。その一方で、都市部で生活する保護者からは以下のような回答を得た。43人の保護者は小学校へ

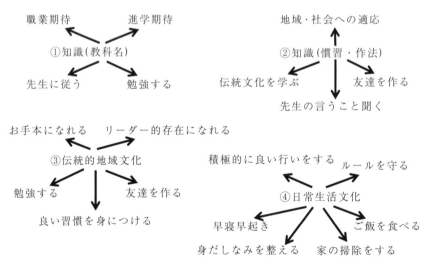

図3　教育意識の要因と構造
出典）調査結果に基づき筆者作成。

通わせる理由に「ラオス文化を学ぶため」と回答し、その「ラオス文化」とは何かを尋ねると、それは主に2種類に分類することができた。1つ目は「祭事での踊りや音楽を学ぶ」といった伝統的な民族文化（図3-③）、2つ目は「目上の人には丁寧に話す」「周りの人に挨拶をする」「毎日、家を掃除する」と言った日常生活で必要とされる文化であった（図3-④）。

　残りの3人は「学校に行く必要がない」という意見であったため、本研究の分析対象から外した[35]。以上を踏まえて、農村部を中心とした「知識」と、都市部を中心とした「文化」という感覚的理解を中心にして、抽象的価値観と具体的価値観の結果を見ていく。

(2)　知識－アスピレーション型意識

　ここでは、どのような知識を求めるのかを尋ねた際に教科名を挙げた保護者の教育意識を見ていく（図3-①）。彼らに「その知識を得られるとなぜ子どもにとって良いのか」を問うと、ある保護者たちから「将来、良い仕事を得られる」という回答を得た。さらに、他の保護者からは「学歴が得られるし、学歴があれば良い仕事が見つかる」というように、職業達成に繋がる教育意識が現れた。給料面で良い仕事を期待する保護者が多少いる一方で、圧倒的に多いのが教師・警察官・政府職員・軍隊員といった公務員になることを期待する保護者である。「これから無くなることがないから安心して暮らせる」という言葉から、保護者は将来の安定性を求めていることがわかる。

　この言葉には2通りの意味があり、1つ目は子どもが職を失うことはなく親として安心という意味である。2つ目は子どもが安定した職に就いていると、同時に保護者も安定した生活が送れるという意味である。同様の見解は、「ここ（地域・村）で一緒に生活できる」や「村の役に立つ」という言葉にも現れている。ある保護者によれば、「公務員になることは難しいけど、その分、安定しているし、人に尊敬される」ため、多くの人が憧れる職業であると言う。「そういう子どもを持つ親も周りの人から尊敬される」のだそうだ。

　こうした彼らの理想を達成するために子どもたちは学校で何をすべきかを尋ねると、最も多かった回答が「先生の言うことに従う」であった。前述したように、先生という職業は保護者が信頼を寄せる職業の1つである[36]。先生は

「学歴と知識の両方を持っている」うえに、「学校は村の中心」で「子どもたちの模範」であると言い、「言うことを聞けば、将来的に困ることはない」とまで言う保護者も多かった。その他の回答としては、「たくさん勉強する」が挙げられた。「知識」の習得から教育・職業へ繋がる教育意識において共通されるのは、目標を達成するために何か具体的な策略を述べる保護者は現れなかったということである。

(3) 知識－地域型意識

一方で、知識を「しきたり」や「作法」と答えた保護者に「その知識を得られるとなぜ子どもにとって良いのか」を問うたところ、「地域社会へ適応できる」と回答した（図3-②）。ここには職業内容と、居住地域を意味する場合が混在する。例えば、「ここで私たち（家族）と一緒に働くのだから、周りのことを知っておいた方が良い」や「結婚してどこかに移った時に、馴染めないと働けない」といった言葉である。つまり彼らにとって、働く場所と住む場所はおおよそ同意語であるのだろう。確かに、こうした「知識」を感覚的理解に挙げた保護者は、その多くが農村部に住んでいた。

彼らの理想（地域社会への適応）を達成するために子どもたちは学校で何をすべきかを尋ねると、職業期待が高い保護者とは異なった回答も得られた。どちらも「先生の言うことを聞く」ことが目標を達成するために必要としながらも、地域社会へ適応するためには「ラオスの伝統文化」を学んで、「友達をたくさん作る」ことも不可欠であるという。こうした保護者にとって、あくまでも知識を得ることは地域内で信頼や繋がりを獲得するためであって、必ずしも良い仕事を得るためではない。彼らの了解は「周りの人と仲良く楽しく生活することが何よりも大切」で、「みんなで助け合って生活する」のがラオス社会ということである。つまり、お互いが助け合うために「知識」を学んで欲しいと考えている。

「知識」の獲得が、多くの産業社会で観察されてきた教育・職業期待へ向かう保護者と、ラオス社会への適応に向かう保護者では、「知識」の意味が異なるということがわかった。当然のことながら、その方向性に伴って保護者が考える教育達成方略も異なるが、前者はより個人の利益を追求し、後者は個人を

含めた周辺への対応や協調性といった一種の社会関係資本を求める傾向にあると言える。

(4) 文化－お手本型意識

「知識」の獲得の次に、保護者の多くは「ラオス文化を学ぶため」と答えているが、その「文化」の意味合いは日常生活文化（図3-③）と伝統的地域文化（図3-④）に分けられる。前述したように、子供が「文化」を学ぶことを望んでいるのは、都市部の保護者であった。ここでの伝統的地域文化は「伝統的な踊りや音楽を学ぶ」ことを指し、「その文化を得られるとなぜ子どもにとって良いのか」を問うと、「みんなのお手本になれる」という回答を得た。ある保護者たちは「何かと踊ることは多い。うまく踊れると自然とみんなの中心に居て、リーダーみたいな存在になれる」や「結婚式のときには、踊って盛り上げるのが旦那の役目だ」と言うように、保護者は伝統的な踊りや音楽を人々の文化的交流に必要な道具として捉えている。同様の見解は、「山から来た人たち（他民族）でも、一緒に祭りに参加したりする人たちは仲良くできる」という言葉からも得られる。また、ある保護者はラオスの伝統的文化を学ぶことで「模範的な子どもになれる」と主張している。このように、伝統的な踊りや音楽の習得は地域社会に馴染むための中心的役割を担っていることがわかる。

こうした保護者の理想（お手本になること）を達成するために子どもたちは学校で何をすべきかを問うと、「自ら勉強する」が回答に挙げられた。学校において勉強するという行為は先生から教わることも含まれるが、ある保護者が言うように「学校で友達と一緒に踊ってみて、楽しいと思えれば自然に身につく」ということも勉強なのである。知識－地域型と同じ「友達を作る」「良い習慣を身につける」という言葉は多かったものの、その中身が何であれ、文化を身につけさせようと考えている保護者から「先生の言うことを聞く」という従属的な言葉は現れなかった。

(5) 文化－個人規範型意識

さらに、都市部に住む保護者は「目上の人には丁寧に話す」「周りの人に挨拶

をする」といった日常生活文化を感覚的理解において回答し、そうした文化を習得することで「積極的に良い行いをするだろうし、自分からルールを守るようになる」と答えている（図3-④）。保護者は子どもが規範性を習得するために文化を学ぶ必要があると考えていることがわかる。こうした言葉は、彼らの日常生活からも理解できる。ラオ族の人々は仏教徒が多数派であり、善行によって徳を積むことでより良い来世を迎えられると信じている。そして実際に、彼らは托鉢や掃除などを日常的に行う。ある保護者は「良い行いをすることこそが、ラオス文化だ」と言っているが、これこそが子どもに対して保護者の求める規範意識である。

そうした規範意識を獲得するために子どもたちは学校で何をすべきかを問うと、保護者たちは「日々の良い習慣を身につけること」だと答えた。その習慣とは、「早く寝て、早く起きて、ご飯を食べる」「身だしなみを整える」「毎日、家を掃除する」などであった。こうした言葉から、文化－個人規範型意識をもつ保護者は、学校で文化を学ぶ以前に家庭での生活態度を重要視していることがわかる。

6．考　察

(1) まとめ

以上の調査結果から、インタビューを通して、どのような教育意識の要因と構造をもつのかは個人によって異なり、進学期待は教育意識の中でも抽象的価値観の一要因でしかないことが明らかとなった。従来の研究では教育意識の中身を一元的に進学期待へ集約してきたため、その他の教育意識は無視されてきた可能性がある。つまり、人々が学校に求めるそれぞれ異なった役割を見落としてきた可能性がある。

さらに、そうした個人の教育意識は、都市部と農村部で大きく異なるものであった。これまでの先行研究において、社会意識の構造や変容を解明する際に最も影響力があるとされてきたのは、学歴・職業・経済力で構成された階層変数であった。その中でも、吉川は教育や学歴、Kohnは職業に焦点を当てることで、日本やアメリカなど主に先進国の社会意識の階層性を説明してきた[37]。

しかしラオスにおいて、駿河&オンパンダラ（2010）が示したような地域による影響は無視できない[38]。実際に、教育意識の要因は一見すると無数に広がる個人的な考えや価値観であったが、その構造は地域で異なり、地域内で共有されていた。つまり、人々の意識が行動に多大なる影響を与えることは明らかであるため、ラオスにおける地域性は階層変数と同様に重要な役割を果たすと考えられる。

(2) セルフディレクション－同調性における教育意識

　最後に、なぜ保護者の教育意識が地域によって異なるのかを、セルフディレクション－同調性という志向性の中で整理してみたいと思う。その志向性の分類基準として、セルフディレクション志向は「内発的にものごとを考え、柔軟かつ自律的に判断や意思決定を下せる」人間であり、同調性志向は「自発的にふるまうよりは、既存の伝統的権威や社会的規範に沿ったふるまいができる」人間を指す[39]。

　上記のセルフディレクション－同調性という志向性を踏まえて、まずは農村部における保護者の教育意識であった知識－アスピレーション型意識（図3-①）と知識－地域型意識（図3-②）から整理する。知識－アスピレーション型意識の抽象的価値観において表れた進学期待や職業意識は、学校という権威主義的機関を通して将来を得ようとする同調性志向である。ラオスの社会的・政治的背景を考慮すると、学校は権威主義を象徴する場所と言える。また具体的価値観では、「先生に従う」や「先生の言うように勉強する」という言葉のように、先生という権威にしたがって子どもがどうすべきかを判断していることから、こちらも同調性志向である。

　知識－地域型意識の抽象的価値観では、「地域社会へ適応する」という言葉からわかるように、周囲の価値基準から子どもがどうすれば良いのかを考えていることから同調性志向である。また、具体的価値観において、知識－アスピレーション型と同様の「先生に従う」という言葉がある。加えて、「友達を作る」と「文化を学ぶ」は「地域社会へ適応する」ための言葉であるため、それらも外的基準を基にした同調性に位置すると言える。このように、本研究によって明らかになった農村部に住む保護者の教育意識は、同調性志向であるこ

とがわかる。
　次に、都市部における保護者の教育意識である文化−お手本型意識（図3-③）と文化−個人規範型意識（図3-④）を整理する。文化−お手本型意識の抽象的価値観には、「お手本になれる」「リーダー的存在になれる」という言葉が挙げられていた。彼らは「この村で……」や「この村の文化で……」などの後に「お手本・リーダーになれる」という言葉を置いているものの、彼らは子どもにラオスの伝統的文化や社会的規範を体現し伝道する側になって欲しいと望んでいる。こうした言葉は権威ある立場を目指す意識であるため、権威に同調しようとするふるまいでなく、権威主義の対極を目指すセルフディレクション志向である。
　文化−お手本型意識の具体的価値観において、「友達を作る」「良い習慣を身につける」「自主的に勉強する」の3つが多く挙げられていた。その中でも、「友達を作る」は先に述べたように同調性志向である。次に、「良い習慣を身につける」という言葉は彼らの生活規範を示しているため、社会的・文化的伝統に従う意識の表れである。よって、同調性志向と言える。最後に、農村部においても見られた「勉強する」という言葉である。しかし、都市部の保護者は「自主的に」という言葉を使い、これまでに挙げられた「先生の言うように」とは主体性が異なる。そのため、ここでの「勉強する」という言葉は「内発的にものごとを考え、柔軟かつ自律的に判断や意思決定を下せる」セルフディレクション志向と言える。
　文化−個人規範型の抽象的価値観においては「積極的に良い行いをする」と「ルールを守る」が挙げられている。「積極的に良い行いをする」という言葉において、「良い行い」にのみ焦点を当てると、宗教的・社会的権威に従う意識であるために同調性志向である。しかし、「積極的」という言葉がついているため、自律的なふるまいであるセルフディレクション志向と解釈できる。その一方で、「ルールを守る」という言葉は文化的・社会的権威に従う意識であるため、同調性である。
　文化−個人規範型の具体的価値観においては、「早寝早起き」「ご飯を食べる」「身だしなみ」「家の掃除」が多く挙げられた。こうした言葉は、家庭内で子どもがどのように過ごすべきかを示している。つまり、ラオス人としてあるべき

姿や社会的規範に従おうとする意識の表れであるため、同調性志向である。

　要約すると、ラオスにおける保護者の教育意識の特質は、知識や文化の獲得を目的としているものの、その背後にある潜在的な教育意識は職業や学歴などへの期待、社会への適応、ラオス人としてのあり方など、多元的で同調性志向であるということである。また、これまでの先行研究で教育意識を代表してきた「進学期待」は農村部において表れ、一方の都市部では「社会的規範やしきたり」を重視する傾向がある点も挙げられる。こうした多元的な教育意識をセルフディレクション－同調性という志向性を用いて考察することによって、保護者の教育意識が地域によって異なる理由が明らかとなった。その理由として、従おうとする権威の違いが保護者の教育意識において見られたことを挙げられる。農村部の保護者は教育意識の主眼を学校教育に置き、都市部の人々は家庭や地域社会に置く傾向があった。つまり、農村部の保護者は学校教育を子どもたちが従うべき最大の権威であると捉える傾向にある一方で、都市部の保護者は学校教育の範囲を超えて、より現実的な社会にも目を向けさせようとする傾向にあると言える。

(3)　ラオスにおける保護者の教育意識の課題と将来展望

　本研究において、いくつか限界があることを認識している。1つ目は、本研究のサンプリングに対するものである。本研究の対象地域はラオスの首都ヴィエンチャンにおける都市部と農村部のみであった。そこに見られる問題とは、ヴィエンチャンと地方における農村部では、大きく異なる文化が存在することが予想できるということである。また、対象者は機縁法による便宜的な集団であり、教育意識のデータに代表性を持たせるのであれば、無作為抽出あるいは中規模集団の悉皆調査が必要であろう。2つ目は、保護者の社会階層を加味せず地域性のみを属性として教育意識を求めたことである。こうした二つの限界によって調査対象から外れた保護者の中には、地方の農村部に多く見られる学校へ子どもを通わせていない保護者や学校教育以外の教育選択を持つ保護者、農村に住みながら都市部で働く保護者など、様々な組み合わせが考えられる。

　しかし、ラオスにおける保護者の教育意識とは何かを明らかにした先行研究は管見の限り存在しないため、本研究では探索的に調査する必要があった。さ

らに、地方都市と比べて格差が小さい首都ヴィエンチャンにおいて、多元的な教育意識を確認できたことは大きな意義である。こうして明らかになった首都ヴィエンチャンにおける保護者の多元的な教育意識を基準とすることで、他の地域では首都ヴィエンチャンと比べて教育意識がどのように異なるのかを調査することが可能となる。また、教育意識が「高い－低い」という連続的な構造を示すためには、ある基準を数量的に設定する必要もある。今後の展望として、本研究によって得られた教育意識をもとに、教育意識を媒介変数として社会構造と教育行動の関係性を定量的に分析するための全国調査がされることが望まれる。それは、社会意識論において求められる研究視野の広さが個人ではなく、国を単位とするからである。

【注】
(1) 矢野順子『ラオス人民革命党第10回大会と「ビジョン2030」』「第5章社会開発戦略と今後の課題－「負の側面」の克服と「カンソーイ・ポムヴィハーン思想」山田紀彦編、IDE-JETRO、2017年、97-121頁。
(2) *Pasaaspn*, September 1, 2015.
(3) Ministry of Education and Sports, Education Management Information System（Emis）and Lao EDUInfo.（devinfo.org/laoeduinfo/libraries/aspx/Home.aspx最終アクセス2018年7月20日）.http://www.devinfo.org/laoeduinfo/libraries/aspx/Home.aspx
(4) Kaswang phaenkaan lae kaan lomg thuen. *Wisaithat hoot pii 2030 ale nyutthasaat kaan phatnaa seethakit-sangkhom lainya 10 pii (2016-2025) haang thii 5*, 2015.
(5) *Sueksaa Mai* 39, 2015, p.4.
(6) Hanushek, E. A., Lavy, V., & Hitomi, K. "Do students care about school quality? Determinants of dropout behavior in developing countries" *Journal of Human Capital*, 2（1）, 2008, pp.69-105. などを参照されたい。また、発展途上国のみならず、アメリカなどにおいても同様の見解が見受けられる。（http://www.nccp.org/publications/pdf/text_786.pdf最終アクセス2018年7月20日）。
(7) 駿河輝和・オンパンダラパンパキット「ラオスの地方社会における基礎教育開発への障害」『国民経済雑誌』202(3)、2010、69-86頁。
(8) King, E. M., & Van de Walle, D. "Girls in Lao PDR: Ethnic Affiliation, Poverty, and Location", Lewis, M. and Lockheed, M. [eds], *Exclusion, Gender and Education: Case Studies from the Developing World*. Washington, DC, Center for Global Development, 2007, pp.31-70.
(9) 吉川徹『現代日本の「社会の心」－計量社会意識論』有斐閣、2014。
(10) 片岡栄美「教育格差とペアレントクラシー再考」日本教育社会学会編『教育社会学のフロンティア2 変容する社会と教育のゆくえ』岩波書店、2018、209-230頁。
(11) 乾美紀『ラオス少数民族の教育問題』明石書店、2004。

(12) King, E. M., & Van de Walle, D. 2007, *op.cit.*, pp.31-70。
(13) 片岡栄美「子育て実践と子育て意識の階級差に関する研究」『駒澤大学文学部研究紀要』76、2018、1-27頁。
(14) 片岡、2018、前掲書、209-230頁。
(15) 北村友人『国際教育開発の研究射程―「持続可能な社会」のための比較教育学の最前線』東信堂、2015。
(16) 乾美紀「ラオスにおける学力調査の現状と格差是正の試み―地域間格差を中心に―」『比較教育学研究』(54)、2017、174-186頁。
(17) 吉川、2014、前掲書。
(18) 見田宗介『現代社会の社会意識』弘文堂、1979。
(19) 原純輔・浅川達人『社会調査』放送大学教、2005。
(20) Kohn, M. L. and scholar, C. *Work and Personality: An Inquiry into the Impact of Social Stratification*, Norwood, NJ: Ablex Publishing Corporation, 1983.
(21) Lipset, S. M. "Democracy and Working-Class Authoritarianism" *American Sociological Review*, 24, 1959, pp.482-502.
(22) 米田幸弘「産業社会におけるパーソナリティ形成」吉川徹編『階層化する社会意識―職業とパーソナリティの計量社会学』勁草書房、2007、49-76頁。
(23) 駿河・オンパンダラ、2010、前掲論文、68-86頁。
(24) 津曲真樹「ラオス教育セクター概説」IMG: Development Consultants、2012。(http://jp.imgpartners.com/image/A5E9A5AAA5B9B6B5B0E9A5BBA5AFA5BFA1BCB3B5C0E22012_Final.pdf最終アクセス2018年7月20日)。
(25) Emis and Lao EDUInfo, *op.cit.*(前掲アドレス参照). http://www.devinfo.org/laoeduinfo/libraries/aspx/Home.aspx
(26) 保護者世代における初等教育の修了率は、30-34歳代で23.1%、35-39歳代で24.9%、40-44歳代で24.3%、45-49歳代で24.5%である。
(27) JETRO「激変する東アジアの労働・雇用環境と政府・産業界の対応」、2013。(https://www.jetro.go.jp/ext_images/jfile/report/07001496/asia_work_employ.pdf最終アクセス2018年7月20日)。
(28) JETRO「ラオスの労働者の最低賃金の改正に関する労働社会福祉省ガイドライン(No.1121/MLSW)」、2018。(https://www.jetro.go.jp/view_interface.php?blockId=26807983最終アクセス2018年7月20日)。
(29) 筆者の現地調査にて確認。
(30) 飯沼健子「ラオスの都市と農村にみる官製社会関係資本」『社会関係資本研究論集』4、2013、89-117頁。
(31) Lao Statistics Bureau. *Lao population and housing census 2015 : provisional report*, 2015. (https://lao.unfpa.org/sites/default/files/pub-pdf/Final%20report-editting-English1.pdf最終アクセス2018年7月20日)。
(32) United Nations. *The Millennium Development Goals and Lessons Learnt for the Post-2015 Period: A Summary Review*, 2015. (http://www.la.undp.org/content/dam/laopdr/docs/Reports%20

自由投稿論文

and%20publications/2015/Government_LaoPDR_MDG_%20Review_September2015_FINAL.pdf 最終アクセス2018年7月20日).
(33)　本研究における調査対象地域である都市部とは、首相府・教育スポーツ省・ラオス最大の市場・国道を有する首都ヴィエンチャンの中心部であるChanthabuly郡とSisattanak郡を指す。その二つの郡における調査対象者の子どもが通う学校は、教室に黒板・机・椅子・電気は常設されており、外では日常的に上水道が使用可能な状況であった。一方、農村部は中心部から70km離れたSangthong郡を指す。調査対象者の子どもが通う学校は、教室に黒板・机・椅子は常設されていた。ただし電気・水道は日常的に使えるわけではなく、1日の中でも限られた時間帯のみ使用可能な状況であった。また筆者の現地調査では、彼らの子どもが在籍する学校において、転勤や離婚などの家庭事情があった者を除いて、過去5年間の間に留年者や退学者が出ておらず、全ての子ども達が前期中等教育へ入学していることを確認している。
(34)　上田拓治『マーケティングリサーチの論理と技法 第4版』日本評論社、2010。
(35)　「学校に行く必要がない」という回答も教育意識の一つであるが、本研究の目的は「なぜ学校に通わせるのか」を明らかにすることであるために、対象から外した。
(36)　筆者の現地調査にて確認。教員の他にも、政府の職員、警察官、軍隊員などの公務員が人気であった。
(37)　吉川、2007、前掲書。
(38)　駿河・オンパンダラ、2010、前掲論文、68-86頁。
(39)　米田、2007、前掲書、49-76頁。

Factors and Structure of Parents' Educational Consciousness in Lao PDR: A Case Study of Vientiane Capital

Masahito MOTOKAWA

Graduate Student, Kobe University

In Lao People's Democratic Republic (Laos), the educational gap is widening between urban and rural areas, in terms of learning outcomes and internal efficiency in primary education. However, as commonly observed in other developing countries, monetary factors are not the leading cause behind Lao parents' decision to stop their children's schooling and learning. Looking at the educational situation of Laos from previous research and the household survey data, it is inferred that parents lack full understanding of the benefits, importance and necessity for sending children to school. In other words, it can be said that the educational gap is created mainly by varying degrees of parents' ideas, values, orientations, attitude towards education in school, which collectively form "educational consciousness".

Up to date, previous research on educational gap in industrialized countries have discussed the differences between "high – low" expectation for educational level, by asking "which educational level would you like your child to receive?" prescribed by the socioeconomic background. The differences in expectation are discussed in the framework of creating educational gaps. Previous research on such educational gap is built on the premise that academic ability and studying habits are most important. Kataoka (2018) pointed out that such a premise is "bad habitus of researcher sunk into the psyche of them".

Therefore, this research attempted to understand educational consciousness not only as "academic ability" and "progression to further education" but also more pluralistically by using social consciousness theory. According to Kikkawa (2014), social consciousness theory is a field dedicated to elucidate the influence that the social structure exerts on social consciousness. The definition of social consciousness is "consciousness shared among members of the social group". Applying the social consciousness to this research, educational consciousness can be understood in the framework that is shared in the social group to which each parent belongs, while at the same time it is subjective thinking and values from parents' school education.

From this background, this research raises fundamental questions as to what kind of factors the educational consciousness in Laos is composed of and how it is different between urban and rural areas. By answering these questions, this research aims to clarify the characteristics of parents' educational consciousness in Laos, focusing on the differences in regionality between urban and rural areas. The significance of this research is that it analyzes the educational consciousness categorized by different social groups, most importantly urban and rural areas, as opposed to focusing exclusively on economic situation and the social status of families and individuals, so as to reveal the actual situation of regional disparity in Laos.

The data of this study is collected from interviews conducted with 96 parents residing in Vientiane Capital, whose children are in the fifth grade in primary education. This study focused on the educational consciousness accumulated from their actual experiences regarding how to interpret school education in Laos. For the interview method, semi-structured interviews incorporating laddering techniques were used. By using laddering techniques, it is possible to understand sensuous value by asking the basic question "why do you send your children to school?", abstract values by asking" why is your answer to the first question important?", and concrete values by asking " what are the prerequisites to achieve your answers to question 1 and 2?".

The research found that the constituent factors of educational consciousness in Laos ranged from answers that are commonly reported in other highly education-oriented countries to answers that are more specific to the country context such as values needed to become a Laotian citizen. In sensory understanding and abstract values, there were many answers that are likely to be seen commonly in educational society such as "acquiring knowledge" and "studying". When exploring the reasons for "why do you send your children to school" more specifically, parents tended to pursue values they should seek as a Laotian citizen and competencies that are needed in their daily lives. According to this study, "expectations for going on to further education" that was considered representative of educational consciousness in previous research is just one of diverse factors constituting the educational consciousness which can be found in Laos.

Using the model of self-directed orientation revealed the characteristics of parents' educational consciousness in Laos. Although they are aiming for acquisition of knowledge and culture, the potential educational consciousness that lies behind this objective is multidimensional sense of conformity, such as expectation for occupation, academic background, adaptation to society and how to become a Laotian citizen. In addition, "expectations for going on to further education", which has been representative of educational consciousness in past studies appears in rural areas, while parents in urban areas tend to emphasize "social norms and conventions". By considering such pluralistic consciousness of education using the model of self-direction and synchronicity, it became clear why parents' educational consciousness varies from region to region. While it is likely that rural parents tend to view school education as the greatest authority that children should follow, urban parents show tendency to consider more realistic societies beyond the scope of school education in their educational consciousness.

韓国における「優先教育地域政策」の特質
―――「教育福祉優先支援事業」がもたらした学校現場の変化―――

金　美連
(九州大学大学院)

はじめに

　本稿は、2000年以降の韓国における教育福祉政策および教育行政における地方分権の進展の中で、韓国の「優先教育地域政策」である「教育福祉優先支援事業」(以下、「優先事業」とする）が学校現場にもたらした変化を明らかにすることで、韓国特有の構造と課題を描き出し、比較教育学の視点から補償教育政策のあり方を考察することを目的としている。

　積極的な差別化により、社会的・経済的に不利な状況にある貧困地域に対して、より手厚い支援を実施する「優先教育地域政策（Area-Based Initiatives、ABIs)」は、国によって導入された背景や目的、事業内容は様々であるが、貧困地域やコミュニティをターゲットとして、教育・保健・社会福祉に亘る取組みが実施されること、また教育と職業訓練、雇用を連携させる総合的な政策である点では共通である[1]。代表的な例としては、イギリスのEAZやフランスのZEP、米国のHarlem Children's Zoneなどが挙げられる。韓国においてもEAZとZEPをベンチマークとし、2003年から優先事業が実施されている。

　優先事業は「学校が中心となって地域教育共同体を構築し、学習、文化、心理的・情動的サポート、保健など、生活全般に対する支援を通じて、教育上の不利な立場の克服を目指す取組み」として定義され[2]、2017年現在、全国の事業重点学校は1,963校（支援者数174,853名）、予算規模は1,320億ウォン（約132億円）[3]となっている[4]。

(1) 先行研究および本研究の意義

　韓国の「優先教育地域政策」に関連する先行研究は、以下の2点となる。

　1点目は、韓国の教育福祉政策に関する研究である。「教育福祉」という言葉が韓国で本格的に使われ始めたのは1990年代半ばで、それ以降、韓国では中央政府主導のもと、様々な教育福祉政策が導入されており、優先事業もまさに教育福祉政策の発展の中で登場したものである。日本においては、無償給食[5]や放課後事業[6]など、個別の事業を扱った研究は散見されるものの、韓国の教育福祉政策の全体像を俯瞰するような研究は、管見の限り見当たらない。

　2点目は、比較教育学における「優先教育地域政策」に関する研究である。そもそも各国における「優先教育地域政策」は、導入の背景や政策理念、実施内容等に独自性を有するため、一国の事例を扱う研究が主流である。例えば、日本においては、イギリスのEAZにおける公私協働の可能性を考察した宮腰[7]、フランスのZEPにおいて学力格差の是正効果を検証した園山[8]、同じくフランスのZEPにおいて「子どもの生活のリズムの再調整」という実践に焦点を当てた池田[9]の研究などがある。これらの研究は、それぞれの国の歴史的・社会的なコンテキストの中で、政策理念や効果、課題を明らかにしている点で共通している。韓国の優先事業については、社会教育・生涯学習の視点から先進事例を紹介した李[10]の研究等があるが、韓国の教育福祉政策の歴史的変遷や社会的なコンテキストを踏まえながら、学校現場での実践プロセスまで扱った研究は殆ど存在しない。

　一般に補償教育政策の効果は、学力向上の側面と、社会性や自尊心、忍耐力等といった非認知能力の側面で測られることが多い。しかし、前者の学力格差の是正効果については、限定的もしくは否定的に捉える研究も多く、これは「優先教育地域政策」の先行事例（EAZやZEP）や優先事業[11]についても同様である。従来の補償教育政策の効果に関する議論は、古くは「文化剥奪論」の視点から補償教育政策を批判したBernstein[12]から、近年は参加論的視点を強調したハウ[13]まで、非常に広範囲に亘る。その中でも「優先教育地域政策」に限っていえば、「再分配と承認」という枠組みを使って政策課題を論じたRaffo[14]や金[15]の研究等が挙げられる。これらの研究は当事者のニーズや多様な生き方の重要性について論じている点で共通しているが、そのような視点か

自由投稿論文

ら韓国の優先事業を概観し示唆を得たい。

本稿では、優先事業の導入から現在までの変遷を辿るとともに、これまで政策及び制度との対比が十分になされてこなかった教育現場での実践プロセスに焦点を当てることで、韓国の「優先教育地域政策」の特質を明らかにし、政策効果の観点から今後の望ましい補償教育政策について考察を行う。

(2) 研究方法と本稿の構成

本稿で取り上げるのは、優先事業の背景となった韓国の教育福祉政策および教育行政における地方分権制度で、とりわけ国から地方への事業移譲(以下、「地方移譲」とする)の後、学校現場で生じた変化に焦点を当てる。そのため、まずマクロレベルにおいて、2000年以降の韓国の教育福祉政策の歴史的展開を概観し、教育福祉政策はなぜ、そして、どのように拡大されてきたのか、その内容を検証する(第1節)。次に、優先事業の制度的展開、特に2011年度に実施された地方移譲の内容について整理し、その背景となる教育行政における地方分権の進展について概観する(第2節)。これにより、優先事業の導入背景や政策の位置付けをより鮮明にしたうえで、次に、ミクロレベルと言える学校現場において、2つの地方での異なる取組みを取り上げ、その共通点・相違点を明らかにする。具体的には、優先事業の中心的な実践者ともいえる教育福祉の専門家(教育福祉士)や教員へのインタビュー調査等を通して同政策が学校現場で如何なる変化をもたらしているかを確認する(第3節)。最後に、他国での先行事例を参考にしながら、韓国の「優先教育地域政策」の特質について、韓国の教育福祉政策の課題を踏まえつつ、同政策の効果についても考察を行う(第4節)。

1. 優先事業の導入——教育福祉政策の拡大と「教育福祉」の概念の曖昧さ

(1) 教育福祉政策の萌芽と拡大

有田[16]は、韓国には教育を通じた地位達成・社会階層移動に対する楽観的なイメージが社会に浸透しており、個人の教育達成は本人の能力と努力のみによって決まるという業績主義的教育達成観のもと、不平等を正当化するイデ

ロギーとしての側面を少なからず有し、そのために政府は積極的に教育制度改革を通じて、このようなイメージの維持につとめてきたのだという。言いかえれば、韓国では分配問題解決のために教育を利用してきた側面があり、近年の教育福祉政策も、まさにこのような教育の機会平等の確保の重要性を背景に進められてきた経緯がある。しかし、「教育のはしご（교육사다리）」とも呼ばれる、教育による社会階層移動は、近年の統計庁の調査からも明らかであるように、年々否定的に捉えられるようになってきており[17]、韓国政府は社会統合のためにも新たな教育政策を打ち出す必要があったと言えよう。

　「教育福祉」という言葉が学会で登場したのは、1979年、韓国教育学会が主催した「福祉社会と教育」という学術セミナーとされるが、その後、初めて教育福祉政策が打出されたのは、「文民政府」（金泳三大統領1993.2～1998.2）の5.31教育改革（1995年）における「教育福祉国家（Edutopia）」の提唱であった。しかし、本格的に教育福祉政策が導入されたのは、「国民の政府」（金大中大統領1998.2～2003.2）と「参与政府」（盧武鉉大統領2003.2～2008.2）の時期であった。この時期は、1997年のアジア通貨危機以降の急激な経済格差の広がりを背景に、教育福祉政策に限らず、国民年金や健康保険制度の拡充など、様々な福祉政策が大統領や行政府のリーダーシップのもと導入された。これにより、1997年に国家予算の17.9％であった社会福祉費は、2006年には27％まで増加した[18]。

　また、2000年代半ば以降の教育福祉政策の拡大には、政治家の関与が強く、例えば2012年の大統領選挙時に朴槿恵前大統領が掲げた教育政策関連の公約のうち、約83％が「教育福祉」に関するものであった[19]。地方選挙においても、このような教育福祉関連の公約の増加が見られ、教育監（日本の教育委員会の教育長にあたる）の選挙時に、給食の無償化といった教育福祉関連の政策が選挙の重要な争点となるなど、教育福祉政策への関りは増え続けた。**図1**は、このように拡大する教育福祉政策の中で、教育部（中央政府）によって2016年現在実施されている取組みを、対象の包括性（「普遍主義」か「選別主義」か）と、学校教育との関連性（基本的活動か付加的活動か）という2つの軸で整理したものである。その中で優先事業は、基本的な教育活動（学習関連）と、付加的な教育活動の両方に関わる取組みでありながら、支援の対象者を絞る

自由投稿論文

```
                        学校教育との関連性
                        基本的な教育活動

   ┌──────────────┐    ┌──────────────┐  ┌──────┐
   │教科書の無償支給(小中)│    │教科書の無償支給(高)│  │学費支援│
   └──────────────┘    └──────────────┘  └──────┘
   ┌──────────────┐    ┌──────────────┐
   │未就学児への教育費支援│    │基礎学力向上支援  │                        対
   │  (ヌリ課程)    │    └──────────────┘                        象
   └──────────────┘       ┌╌╌╌╌╌╌╌╌┐   ┌──────────┐          の
 普                        ┆教育福祉優先┆   │多文化・脱北者・│  選        包
 遍                        ┆支援事業  ┆   │障害児・へき地 │  別        括
 主 ←───────────────       ┆        ┆   │への支援   │─→ 主        性
 義                        └╌╌╌╌╌╌╌╌┘   └──────────┘  義
                            ┌──────────────┐
                            │情報化(ICT)支援   │
                            └──────────────┘
   ┌──────────────┐        ┌──────────────┐
   │給食の無償化     │        │放課後学校の自由受講券制度│
   └──────────────┘        └──────────────┘
                            ┌──────────────┐
                            │学童保育(ドルボム教室)│
                            └──────────────┘

                        付加的な教育活動
```

図1　韓国の教育部が関わっている教育福祉事業(2016年現在)
出所）韓国教育開発院の報告書(2016年)[20]を基に筆者作成。

「選別主義」の政策として位置付けられている。

(2)　「教育福祉」の概念をめぐる議論

　日本においては、市川[21]は「教育福祉」を「広義の教育サービスに含まれる社会福祉的サービス」、「教育がもたらす経済福祉的帰結」、そして「教育およびその結果が有する総体的福祉機能」といった3つの異なる意味を内包しているものとして整理している。このような市川の議論を倉石[22]は、「教育内部の福祉機能」と「福祉内部の教育機能」が厳密に区分されておらず、基本的に生活保障の論理と教育の論理が齟齬をきたしたり、乖離したりする可能性は想定されていないと指摘している。

　一方、韓国においては「教育福祉」の定義に対する統一見解はなく、異なる

3つの視点が存在する[23]。1つ目は、「教育それ自体が福祉的な性質を有する（education as welfare）」であり、教育は個人の成長の実現という内在的な価値を追求している点において、福祉と同様の目的を有するとする立場である。2つ目は、「教育福祉」を「教育のための福祉（welfare for education）」ととらえ、教育を受ける諸条件を整えることを目的とする立場である。すなわち、「教育福祉」は教育と福祉が重なる部分として、教育の領域の中に福祉の理念を適用し、教育が有効に機能するのを支持すると考える。3つ目は、「教育福祉」を「教育を通じた福祉（welfare through education）」、つまり教育を福祉の達成のためのひとつの手段として考え、「教育福祉」においても独自の領域ではなく、福祉の下位概念と捉える（図2参照）。このように「教育福祉」に対する統一見解が存在しないことで、例えば教育福祉政策の主たる目的が、学力格差の解消なのか（2つ目の立場）、それとも子どものウェルビーイング（well-being）そのものなのか（3つ目の立場）といった目的や範囲について異なる解釈が並存している。第3節の事例分析でも明らかになるが、地方移譲後は地方により教育福祉に関する取り組みの度合の違いから、例えばソウル市（視点②）に比べて、江原道はより視点③に近い視点②（福祉の度合いがより強い）の形での取組みが行われていた。

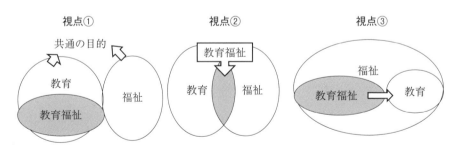

図2　「教育福祉」に関する3つの視点
出所）中央教育福祉研究支援センターの資料（2018）[24]

自由投稿論文

2．地方移譲による優先事業の変容

(1) 優先事業の歴史的変遷

　教育福祉政策の一つとして進められてきた優先事業は、教育人的資源部（現教育部）が2003年から2年間、ソウル（6カ所）と釜山（2カ所）の低所得者の密集地域の学校79校を対象に実施したパイロット事業から始まった。2004年にパイロット事業に関する肯定的な効果が認められ、2005年に人口50万以上の広域市、2011年からは事業の地方移譲を機に全国で実施されるようになった。

　優先事業は、1997年のアジア通貨危機以降、居住地による所得格差、学力格差、教育費の格差が指摘される中、低所得層が多く居住する地域の学校をターゲットに学校教育の質を高め、実質的な教育機会の平等を確保する目的で導入された。学習支援、文化・体験、心理・情緒や保健など、多様なプログラムの実施を通じて、子どもの初期の社会化過程に国と地域社会、学校が連携して介入し、積極的な補償的平等を実現しようとしたのである。優先事業は2003年から2010年まで国の主導で進められたが、2011年に国から地方へ完全に事業が移譲され、優先事業に係る全ての決定権やリソース、責任は各地方の市・道の教育庁に移った。それ以降、中央政府によるトップダウン的な政策ではなくなり、それぞれの地域において異なる取組みが実施されている。

(2) 地方移譲による優先事業の多様化

　優先事業の地方移譲に影響を与えた、教育行政における地方分権の進展は、1991年「教育自治法」の制定に始まった。その後、2010年には住民の直接選挙である「全国同時教育監選挙」という重要な出来事を契機に、国と歩調を合わせて新自由主義的な教育政策を進めようとする「保守」に対する「進歩」という構図が作られた。両者には教育福祉政策の進め方についても大きな違いが見られ、例えば給食の無償化を実現しようとする「進歩」派に対し、「保守」派は福祉政策に過度に依存してしまう「福祉病」を招く可能性があると、強く批判した。しかし、2010年に続き、2014年の第2回目の直接選挙においても、13カ所の地域で「進歩」派の候補者が当選し、教育福祉政策は再度信任を受

ける形となった[25]。このような流れは2018年の6.13地方選挙にも受け継がれ、候補者の約61％が給食の無償化の拡大を支持するなど、教育福祉政策についての「保守」と「進歩」の有意な差異は見られなくなった[26]。このように、優先事業をはじめとする韓国の教育福祉政策は、選挙公約によって拡大しながらも、同時に教育行政における地方分権という政治的なコンテキストの中で変遷してきたことが分かる。表1は、このような背景のもと実施された地方移譲の内容をまとめたものである。

さらに、地方移譲を機に、実施されるプログラムの内容にも変化が生じ、学習プログラムは減少（34％→18.4％）、文化・体験プログラム（15.3％→46.2％）、心理・情緒（8.9％→16.2％）は増加し、より多様なプログラムが実施されるようになった[28]。一方、地方間の格差も指摘されるようになり、例えば2015年現在、平均実施率は最低で京畿道の5％、最高で大丘市の78％となっており、また対象学生一人当たりの事業費も地方によって約4倍の差が生じている[29]。しかし、事実上、各市・道教育庁（17カ所）の判断によって異なる内容で実施される優先事業において、上記のような数値上の違いが学校現場に、どのような違いをもたらしているのか、十分に検証されているとは言い難い。そこで次節では、ソウル市と江原道（カンウォンド）という2つの地方の優先事業に焦点を当て、実態分析を行う。

表1　優先事業の地方移譲による変化

	（地方移譲前） 教育福祉投資優先地域支援事業（2003〜2010）	（地方移譲後） 教育福祉優先支援事業（2011〜現在）
事業主体	教育部（中央政府）	市・道の教育庁（17カ所）
法的根拠	不十分（小中等教育法第28条）	明確（小中等教育法第28条、教育福祉優先支援管理・運営に関する規定など）
財政支援方法	特別交付金、市・道の予算など	普通交付金など →事業の安定化
事業対象	全国都市部の低所得層の密集学校 （幼小中が中心、一部の高校）	全国の低所得層の密集学校 （幼小中高）→事業の拡大
事業学校	対象学校が4つ以上隣接している地域	単位学校が基準 →対象学校・対象者の増加
対象学校選定基準	基礎生活受給者および一人親家庭の子どもの数が70名もしくは10％以上の学校	市・道教育庁の判断による →主導権が国から地方や単位学校へ

出所）チョ・クムジュ（2015）[27]を基に筆者作成。

3．優先事業による学校現場における変化——ソウル市と江原道の事例から

　行政資料や韓国教育開発院（KEDI）の報告書、先行研究、マスコミの報道資料等から明らかとなった優先事業による学校現場における変化を確認するため、ソウル市と江原道の2つの地方を選定し、事例分析を行った。具体的には、各教育庁が発行する事業マニュアルや報告書の分析と、学校現場への訪問調査（ソウル市N初等学校、江原道束草市S初等学校、A中学校）および関係者へのインタビュー調査（N、S、A校の教育福祉の専門家、S校の教師2名）を行った[30]。

　この2つの地方には、導入率（ソウル市63.6％、江原道15.4％）[31]や単位学校への予算配分額（ソウル市：9,609～64,826千ウォン[32]、江原道：中心学校9,000～20,000千ウォン[33]）に違いがあり、これは事業の実施が地方に依存することにより生じる「格差」の側面と考える。一方、実施内容については、今回の調査の結果、ソウル市は政策導入時と変わらず、学習、心理・情緒、文化・体験、保健・福祉、運営支援の5つの領域となっていたのに対して、江原道は対象学生へのカスタマイズされた支援により力を入れていた。江原道は2014年に、従来の5つの領域から学習プログラムの比重を減らし、支援学生への個別対応、教育福祉室の運営、地域ネットワーク事業という3つの領域に事業内容を大きく変更しており、これは地域の実態や喫緊のニーズに即して生じる「多様化」の側面と考える。このように、ソウルと江原道という地域に依存することで生じる経済格差や、地域個別の事情を反映した多様な取組みの進展など、地域に根差した事業特有の実情が本調査でより鮮明となった。本節では、両地方における実施状況、とりわけ優先事業がもたらした学校現場の変化に焦点を当て、優先事業の現状と課題を浮き彫りにする。

（1）　新たな空間「教育福祉室」と新たな人材「教育福祉士」の誕生

　江原道の優先事業は現在、「幸せシェアリング（행복나눔）教育福祉事業」という名称が使われているが、両地方とも支援の対象者は、十分な教育を受けることができない子ども（低所得者、一人親、脱北者、多文化家庭等の子女等）となっており、この選定基準は他の地方でもほぼ同様である。また、支援

学生の人数によって「一般/拠点学校」(ソウル市)、「連携/協力学校」(江原道)と分類されて、後者には教育福祉の専門家を配置している。また、全ての地方において、学校の中に「教育福祉室」という新たな空間（地方によって呼び方は異なる）が設けられ、そこには、「教育福祉士」という教育福祉の専門家が駐在し、学習支援・文化体験等のプログラムの実施や相談を行うなど、全ての子どもが利用できる憩いの場となっている(34)。両地方ともに、支援者の数が多い学校には、「教育福祉士」が派遣されるが、実施内容が異なることから、「教育福祉士」の活動内容に違いが生じていた。これについて、ソウル市N初等学校の教育福祉の専門家であるKさん（勤務6年目）と、江原道A中学校の教育福祉の専門家であるCさん（勤務6年目）は、以下のように述べている。

> ソウル市：ソウル市では私たちのことを他の地方と違って、<u>「教育福祉士」ではなく「地域社会教育専門家」</u>と呼んでいます。これは、<u>ソウル市の優先事業が、福祉に傾くことを避けたい</u>ことと関係しています。また、最近はWeeクラス（学校不適応学生および危機学生のための学級）や放課後学校など、優先事業以外の教育福祉事業も実施されてはいますが、優先事業の強みは学習支援にとどまらず、<u>保護者を含めた地域との連携</u>にあると思います。

> 江原道：<u>教育福祉と社会福祉は同じもの</u>だと思います。何よりも大切なのは<u>子どもの心のケア</u>でしょう。ただ、学校では、最も子どもの状況を把握しやすく、また親にとっても一般行政よりも馴染みやすいので、協力的です。また、民間団体にとっても、子ども達に直接役立つことができるので、色々と力を貸してくれます。

　以上より、ソウル市の優先事業は、福祉的な側面だけではなく、学習支援などの教育的な取組みも重視しているのに対して、江原道の優先事業は、様々な課題を抱えている支援学生への個別的なケアにより力を入れている現状がうかがえた。先述の通り、江原道の優先事業は2014年より、学習プログラム中心の取組みではなくなり、事業の効果についても、自尊心・学校適応能力といっ

た情動的効果を重視する傾向が見られ、「教育福祉士」も、教育の専門家というより、福祉の専門家（スクール・ソーシャルワーカー）に近い存在であった[35]。

(2) 福祉サービスを含む多様なプログラムの導入及びその効果

　訪問調査を行ったソウル市冠岳区のN初等学校は、全校生921人のうち190人（約20％）が支援学生であるため、「拠点学校」としての指定を受けていた。2016年には優先事業の模範校として表彰されるなど、様々な取組みが活発に行われていた。2017年11月現在、実施されるプログラムをみると、①学習（マンツーマン指導、英語、読み聞かせ、長期休暇中の学習支援教室）、②文化・体験（サッカー、ボランティアなどのクラブ活動、週末活動、二世代支援など）、③心理・情緒（レジリエンス・プログラム、教師メンタリング等）、④保健・福祉（教育福祉室運営、歯科、朝食などの健康増進事業）、⑤支援・ネットワーク（運営支援、地域教育福祉共同体の運営）の5つの領域に分かれており、その中でも学習関連のプログラムに最も多くの予算が使われていた。

　一方、江原道のA中学校（全校生908人のうち、90人が対象者、うち11人がカスタマイズされた支援の対象者）において実施されているプログラムの内容を見ると、学習支援は殆ど行われておらず、畑仕事の体験、大学訪問、職業体験、家族キャンプ、料理教室など、文化・体験のプログラムが大半を占めていた。

　次に効果について、図2のように、「教育福祉」の捉え方によって、政策の目的や効果・評価方法も異なってくる。すなわち、教育的な側面を重視した場合は学力格差の解消が、福祉的な側面を重視した場合は、全般的なウェルビーイングの向上が評価すべき政策の効果となる。これまで優先事業については、双方に関する様々な効果検証が行われたが、行政機関による効果分析に限っていえば、韓国教育開発院による縦断研究[36]や京畿地方教育庁による研究[37]等がある。これらにおいては、学力格差の是正効果は限定的と結論付けられ、自尊心や社会性といった非認知能力についての効果が認められている。本稿の対象事例である江原道教育庁による効果検証[38]においても、授業理解度の向上などの学力向上に係る効果については、否定的（中高生の場合）であったが、自尊心や社会性の向上、教師との関係改善等については概ね効果が認められた。

一方、ソウル市においては、プログラムに対する満足度の向上、欠席率・校内暴力の減少を主な効果として捉えている[39]。

しかしながら、両地方に共通して、「カスタマイズされた支援」(「맞춤형지원」)という名の下で、優先支援学生に対する朝食などの食事や医療サービス、衣類の支援などの新たな取組みが導入されていた。このような取組みは全国的に行われており、2015年現在、食事サービスは1校当たり12.1名(年間平均53万ウォン)、医療サービスは1校当たり11.8名(年間平均139万ウォン)、その他のサービスは1校当たり65.4名(年間平均390万ウォン)となっている[40]。これは従来の学校教育が担ってきた教育的な機能や役割を大きく超えるものといえよう。

(3) 学校内・学校間・地域社会との教育福祉ネットワークの形成

現在、韓国の教育部が掲げている優先事業の主な目標は、「教育的に不利な立場に置かれている子どものための統合的な支援網の構築」である[41]。図3は、このようなネットワークの実例を表している。

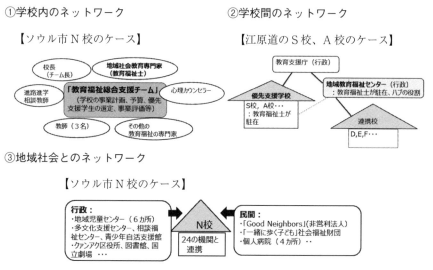

図3　教育福祉ネットワークの実例
出典)インタビュー調査を基に筆者作成。

自由投稿論文

　このように、ソウル市と江原道ともに、①学校内においては学校管理職や教育福祉の専門家等から構成される支援の組織、②学校間においては、教育福祉士が中心となって「地域教育福祉センター」等のハブ機関を通じてネットワークを形成し、隣接学校と情報交換等を行う協力体制、③民間団体や他の行政機関等との地域社会との連携については、支援の輪を広げた新たな取組みが確認できた。このような地域社会とのネットワークの構築により、学校外部からの金銭的な支援も増え、例えば、ソウル市のN初等学校の場合は2017年度の優先事業予算の約45％が民間団体や自治体の支援金から、同じく江原道のA中学校の場合も外部からの支援金が学校予算を上回るなど、両事例において、学校を基盤とする教育福祉ネットワークの拡充が見られた。しかし、両地方の教育庁において、ネットワーク形成を推奨してはいるものの、具体的な方針は打ち出しておらず、現状としては、教育福祉士が中心となり、教育福祉士の裁量のもと取り組んでいる。

4．韓国の「優先教育地域政策」の特質――教育と福祉の狭間で

　以上より、韓国の教育福祉政策および教育行政における地方分権の進展というコンテキストから優先事業の変遷や現状と課題について考察してきたが、韓国の「優先教育地域政策（ABIs）」の特質を整理すると、以下の通りである。
　第1に、福祉的な取組みの実施である。イギリスのEAZ（Education Action Zones）とフランスのZEP（Zonesd'Education Prioritaires）が教育という言葉のみを使用し、貧困地域や移民の子女に対する学力格差の解消を重視しているのに対し、これらを参考に導入された「教育福祉優先支援事業」は、「教育福祉」という言葉が用いられ、教育的な取組みに限定されていないことが分かる。その背景には、近年0～5歳児のための無償保育サービスが導入されるなど、児童福祉関連の支出が増加していると言われてはいるものの、そもそも韓国は予算の支出面だけをみると、福祉国家とは言い難く、例えば、2016年のGDPに対する社会福祉関連の支出はOECD加盟国の中でも最下位であり、全体の公的社会支出（public social expenditure）についても保健（42.7％）、年金（24.3％）と比べ、児童関連などの家族（9.6％）の領域は特に低い水準となっている[42]。

すなわち、子どもに対する社会福祉が十分に整えられていない状況の下では、貧困地域の教育力の向上や学力格差の是正を目的として導入された優先事業においても、教育的な側面のみならず、教育環境の改善を目的とした衣食住や医療の提供といった福祉的な取組みが必要であったことは明らかである。そもそも、韓国の教育福祉政策は、1990年代後半からの社会福祉政策の進展に教育政策が影響を受けたものであり、そのため、教育と福祉の狭間で、「教育福祉」に対する一致した定義が得られておらず、新たな福祉関連の事業を導入することが学校現場での混乱に繋がったほか、地方移譲により各地方によって異なる取組みが実施された結果、政策目標や実施内容、予算等にばらつきが見られる。

第2に、「教育福祉」の概念の曖昧さから、政策の目的がはっきりしておらず、それによって効果の捉え方や評価方法にも課題が生じている。優先事業のような補償教育政策の効果は、学力などの認知能力（cognitive skill）と、社会性や自尊心などの非認知能力（non-cognitive skill）に分かれて評価されることが多いが、イギリスのEAZにおいて、短期的な学力向上を効果の指標として捉えたことが逆に政策の妨げとなったと指摘されているように[43]、前者については限定的もしくは否定的に捉える意見も根強く[44]、韓国の優先事業についても、学力格差の解消に繋がったという結論には達していない[45]。一方、後者については、第2節でも触れた通り、2011年の地方移譲により、学習だけではなく文化体験や心理、保健など、各地方の判断で非認知能力の向上を目指した様々なプログラムが実施されるようになり、第3節の江原道の事例にもある様に、一定の効果を得たとの評価結果が報告されている。

次に、優先事業の効果を測定する評価方法について、ソウル市及び江原道の事例分析結果にも当てはまることだが、受ける側の成長や社会参加といった質的変化を測る難しさもあってか、形式的な満足度調査が、どこの地方においても主な評価方法となっている。I.M.Youngは、福祉国家における脱政治（depoliticization）の問題、すなわち福祉国家において、公衆が公共生活の議論へ積極的に参加することは奨励されず、単なる顧客・消費者（client-consumer）に転落してしまう危険性がある[46]と指摘しているが、本事業においても、受ける側が提供される教育プログラムに対して単に嗜好を表明することが求められる「教育消費者」的な評価方法の偏在が見られる。ハウは、「教育機会の平

等」について、形式的平等も補償論的平等も分配される財やその配分決定に関して、当事者自身の声やニーズを十分に反映しておらず、参加論的アプローチが重要であると主張したが[47]、優先事業においては、提供されるプログラムへの満足度を表明すること、すなわち「教育消費者」的な視点を参加論的アプローチと同様のものとして捉える傾向が強く、実際に受ける側がどのようなプロセスを経て、いかなる変化を経験しているのか、質的変化に関する考察が十分に行われているとは言い難い。

　第3に、優先事業における教育福祉ネットワークの進展である。周知の通り、フランスのZEPにおいては学校内・学校間・地域社会における教育ネットワークの活性化が重視されてきたが、同様に優先事業においても導入時から「教育安全網」の構築に主眼をおいてきた。ここでいう「教育安全網」とは、単なる「プログラムの支援事業」にとどまらず、ネットワーキングを通じて学校と地域との連携を促進し、教育的な取組みだけではなく、子どもの生活全般に関する質向上を行う取組みを意味する[48]。当初、「地方分権化が十分には進捗しておらず、また自律的な権限の行使も相対的に行われておらず、市民社会の成熟度も地域によって差が見られる[49]」と懸念されていたが、地方移譲以降は、太田市の「ナビプロジェクト」や光州市の「花月珠」など、官民連携の地域教育ネットワークの成功事例が次々と紹介されるようになった[50]。また本稿の両事例においても教師や教育福祉の専門家を巻き込んだ学校内のネットワーク、周辺学校との協力体制といった学校間のネットワーク、民間団体や他の行政機関等と連携を図った地域社会のネットワークの進展が確認できた。まだ初期段階といわれる韓国の地域教育ネットワークであるが、今後どのように成熟していくのか、注目に値する。

おわりに

　本稿では、韓国の「優先教育地域政策（ABIs）」である「教育福祉優先支援事業」について、その導入背景となる教育福祉政策の歴史的展開と課題を踏まえつつ、教育行政における地方分権の進展による、国から地方への事業移譲の影響について、2つの地方の事例分析を通して明らかにした。地方への事業移

譲がボトムアップ的な取組みを促進し、地域教育福祉ネットワークの活性化にも有利に働いていることが推察できたが、「教育福祉」そのものに関する概念の曖昧さと相まって、地方によって異なる取組みが行われている現状が浮き彫りになった。この点、どこまでが国が負うべき福祉であり、どこからが教育環境の補完という意味で個別に提供されるべきサービスかということへの明確な線引きが重要であるが、韓国においては、これが曖昧なため、現場での混乱が見られる。

　「福祉」が現在の喫緊のニーズに対する社会保障であるのに対して、教育は将来の生きる力を育むための長期的な取組みであるとの考えに立ち、両者には、本質的な違いが存在する。車輪の両輪としてどちらも欠かせないものではあるが、その性質の相違から本来区分して扱うべきでものであり、教育と福祉が混在する韓国の現状は教育と福祉の狭間での混乱として捉えられる。

　他方で、教育福祉の専門家による、地域固有の事情を踏まえたネットワーク形成は、支援学生に対して、よりきめ細かな学習面や精神面でのケアが可能となるなど、教育と福祉の協業が効果的となり評価できる点もある。

　今後は、教育と福祉の協業及び参加論的アプローチの視点から、韓国を含む各国の「優先教育地域政策」プログラムについて分析を行い、個別のプログラムとその評価方法及び効果の関係性を研究の課題としたい。

【注】　※韓国語文献は、邦訳のうえ、末尾に《韓国語文献》と記載。
(1) Raffo,C. & Dyson,A. & Kerr,K. (2014) *Lessons from area-based initiatives in education and training*, European Union,p.12.
(2) 韓国教育開発院 (2008)『教育福祉投資優先地域支援事業白書2003-2007』《韓国語文献》。
(3) 為替レートについては、単純化のため全て10円/100ウォンで換算している。
(4) 韓国教育開発院 (2018)『教育開発9，10月』p.15《韓国語文献》。
(5) 渡辺昭男 (2017)「韓国における無償給食」『教育科学論集』第20号、pp.39-44。
(6) 金美連 (2016)「日・米・韓における放課後の教育格差是正政策について」『九州教育学会研究紀要』第44号、pp.95-102。
(7) 宮腰英一 (2002)「イギリス：公立(営)学校改革の新動向―レトリックとしてのパートナーシップ」『比較教育学研究』第28号、pp.28-40。
　　宮腰英一 (2007)「教育改革における公私協働：イギリスと日本」『比較教育学研究』第34号、pp.108-123。
(8) 園山大祐 (2012)『学校選択のパラドックス』勁草書房。

(9) 池田賢市 (2012)「学校現場での『公正』をめぐる実践知の必要性」『異文化間教育』pp.57-70。
(10) 李正連 (2017)「教育地域ネットワークが紡ぎ出す教育福祉」梁炳賛編『躍動する韓国の社会教育・生涯教育』エイデル研究所、pp.84-97。
(11) 例えば、リュウ・バンラン (2013) は、『学生の変化を通じてみた教育福祉優先支援事業の効果』(韓国教育開発院)という報告書の中で、中学生に対する効果は殆ど見られなかったと結論付けた《韓国語文献》。
(12) Bernstein,B.(1971) *Class, Codes and Controls*, Routledge.
(13) ハウ・ケネス (2004)『教育の平等と正義』大桃敏行 (訳)、東信堂、p.9。
(14) Raffo,C (2013) "Education Area Based Initiatives: Issues of Redistribution and Recognition", *Neighborhood Effects or Neighborhood Based Problems? : A Policy Context*, Springer,pp.25-41.
(15) 金美連 (2017) "Area-based Initiatives in Korea: Issues of Redistribution and Recognition"『国際教育文化研究』No.17,pp.41-51.
(16) 有田伸 (2006)『韓国の教育と社会階層』東京大学出版社、pp.201-295。
(17) 韓国統計庁の「韓国社会指標」によれば、教育を通じた世代間における社会階層移動を否定的に考える人の割合は、2009年30.8%、2011年42.9%、2013年43.7%、2015年50.5%となっており、年々増加している《韓国語文献》。
(18) ヤン・ジェジン (2008)「韓国福祉政策60年」『韓国行政学報』p.345《韓国語文献》。
(19) チュウ・ヨンヒョウ、パク・キュンヨル (2013)「朴槿恵政府の教育公約分析」『教育問題研究』Vol.26、No.3、pp.189-210、《韓国語文献》。
(20) 前掲の韓国教育開発院の報告書 (2016)。
(21) 市川昭午 (1975)「現代の教育福祉：教育福祉の経済学」持田栄一・市川昭午編『教育福祉の理論と実際』教育開発研究所、pp.20-21。
(22) 倉石一郎 (2015)「生活・生存保障と教育をむすぶもの／へだてるもの」『教育学研究』第82巻、第4号、pp.571-573。
(23) 教育部 (2014)『脆弱階層の学生支援の強化のための (仮称) 教育福祉サービスの基準をつくるための基礎研究』pp.9-18、《韓国語文献》。
(24) 中央教育福祉研究支援センター (2018)『教育福祉優先支援事業の理論と実務』p.27、《韓国語文献》。
(25) 金龍 (2015)「地方教育自治制度の安定と理念の混迷」『日本教育行政学会年報』No.41、pp.2-18。
(26) 『中央日報』2018年6月12日付《韓国語文献》。
(27) チョ・クムジュ (2015))「教育福祉優先支援事業の問題点及び再構造化のための課題」『青少年学研究』第21巻、第2号、pp.491-513《韓国語文献》。
(28) キム・ハンナ (2015)『教育福祉優先支援事業の効果：メタ分析』、サンミョン大学修士論文、p.19《韓国語文献》。
(29) 太田市教育庁 (2015)『教育福祉優先事業の活性化方案の研究』p .70、《韓国語文献》。
(30) 本調査は2017年8月14日と11月21、22日の2回に亘って行われた。
(31) 韓国教育開発院 (2016)前掲書p.75。

(32) ソウル市教育庁 (2018)『教育福祉優先支援事業基本計画』p.2《韓国語文献》。
(33) 江原道教育庁 (2018)『幸せシェアリング (행복나눔) 教育福祉優先支援事業基本計画』p.14《韓国語文献》。
(34) 『蔚山広域市 e 教育ニュース』2017 年 7 月 22 日付《韓国語文献》。
(35) 江原道教育庁学生支援課 (2016)『幸せシェアリング (행복나눔) 教育福祉事業研究調査報告書』《韓国語文献》。
(36) リュウ・バンラン (2012)『教育福祉優先支援事業に関する縦断的効果分析研究 (3 年次)』、韓国教育開発院《韓国語文献》。
(37) イ・クンヨン (2014)『京畿道教育福祉優先支援事業の成果分析』、京畿道教育研究院《韓国語文献》。
(38) 江原道教育庁学生支援課 (2016) 前掲書 p.139《韓国語文献》。
(39) ソウル特別市教育庁ホームページ http://kkumsadari.sen.go.kr/intro/intro_01.do# (2018年9月16日最終アクセス)《韓国語文献》。
(40) 教育福祉政策重点研究所 (2016)『教育福祉優先支援事業の運営の現状と発展の方案』、pp.65-67《韓国語文献》。
(41) 韓国教育開発院 (2017)『第6回 KEDI 未来教育政策フォーラム』pp.10-11《韓国語文献》。
(42) 『韓国日報』2017 年 3 月 2 日付《韓国語文献》。
(43) カン・スンウォン (2012)「イギリスとフランスの教育福祉事業の比較研究にみる我が国の教育福祉投資優先地域支援事業 (교복투사업) の政治社会学的な性格」『比較教育研究』、第22巻、第4号、pp.1-8《韓国語文献》。
(44) 代表的な例として、2010 年に U.S. Department of Health and Human Services によって実施された"Head Start Impact Study Final Report"が挙げられる。
(45) キム・ハンナ (2015)、前掲論文、pp.28-35《韓国語文献》。
(46) I.M.Young (1990) *Justice and the Politics of Difference*, Princeton University Press, pp.66-95.
(47) 額賀美紗子 (2011)「『公正さ』をめぐる教育現場の混迷」『異文化間教育』第34号、pp.22-24。
(48) イ・ヨンラン (2016)「フランス教育福祉安全網の研究」『スンチョンヒャン人文科学論叢』第35巻1号、pp.93-97《韓国語文献》。
(49) リュウ・バンラン (2007)「教育安全網の構築のための冠岳區地域事例研究」韓国教育開発院、p.184《韓国語文献》。
(50) 李正連 (2017) 前掲書、pp.84-97。

自由投稿論文

Characteristics of Korean Area-Based Initiatives:
The impact of the "Education Welfare Priority Project"

Miyeon KIM

(Graduate student, Kyushu University)

This study focuses on the characteristics of the Area-Based Initiatives in Korea, named the Education Welfare Priority Project (EWPP). The term "Area-Based Initiatives (ABIs)" has been used by policymakers in the EU and other country contexts to denote special social, cultural and economic interventions targeted at schools and disadvantaged areas. Examples of ABIs include EAZ/EiC (England), ZEP (France) and the Harlem Children's Zone (US). Under the influence of EAZ and ZEP, EWPP in Korea came into effect by government actions starting in 2003. This project selects educationally and culturally poor places in low-income areas and aims to improve the quality of educational, cultural and welfare services through a cooperation of the government, school and local community.

Firstly, Section 1 outlines the historical development of educational welfare policies since the 1990s and describes the current state of the problems with them in recent years. The author identifies an element that helped lead to a sudden increase in education welfare policies: increasing involvement of politicians, followed by the adoption of "universal" (i.e. made available to everyone) social benefits, such as free school meals and childcare. In addition, it reveals that the term "education welfare" has also not been defined clearly in Korea, which has caused confusion in school settings.

Section 2 examines how the EWPP has evolved over time and analyzes the impact of the local-governance autonomy in education. In 2011, the transfer of the decision-making authority, resources and responsibilities of EWPP from central to local governments took place. This policy shift enabled expansion of the EWPP nationwide and increased autonomy and accountability in local governments. Critics, however, point out that the transfer has created disparities in the goals and the resources between the regions.

In the next section, two regions (Seoul City and Kangwondo Province) were selected to explore the reality, and the author comparatively investigates the differences between the two regions in terms of aims and aspirations, the contents of the programs. In-depth interviews with the social workers and teachers were also conducted to find out how the schools have been changed by the operation of the EWPP.

In the case of Seoul City, programs in five categories (tutorial /cultural/counseling/health/ support) were provided, and closing the gap in educational attainment was also considered important. In Kangwondo Province, in contrast, emphasis was placed more on targeted student interventions, which focused on enhancing the functioning of socio-economically disadvantaged students, particularly by providing additional resources. The school's annual budgets were also different: ₩9,609,000~64,826,000 for Seoul City and ₩9,000,000~20,000,000 for Kangwondo Province (as of 2018).

Despite these differences, a new place named the "Education Welfare Room" and a new type of social worker named the "Education Welfare Worker" were introduced in both regions. In addition, welfare services such as a breakfast and medical services have been implemented. Most importantly, school-based networking has been successfully formed both inside and outside of school.

In Section 4, the author clarifies three characteristics of the EWPP. First, there was a tendency to provide child welfare services in the EWPP. While the term "education" was used for the EAZ (Education Action Zones) and the ZEP (Zones'Education Prioritaires), the EWPP (Educational Welfare Priority Project) in Korea used the word "education welfare". As new OECD data shows in 2016, the ratio of South Korea's GDP to its public expenditure on social welfare was the lowest among members of the OECD. Under this circumstance, the area-based initiative for the educational purposes has its own limitations and a shift of practice from education to child welfare services can be said to have happened naturally.

Second, there have been difficulties in determining the effects of the EWPP and the methodological challenges to identify the substantial benefits of compensatory education. After a transfer of the EWPP from the national to local governments, every local education authority could decide the evaluation method on their own. However, because of the difficulty to measure the inner growth of the participants or the true quality of participation, satisfaction surveys have become the most commonly used tool to investigate the effects of the EWPP. The "client-customer" perspective related to a satisfaction survey has been considered to be the same as the participatory approach, but the author maintains these two are intrinsically different.

Furthermore, it has been said that the central goal of the EWPP is to build a network-based educational support system in the community. As aforementioned, these case studies show that the networks are being developed from the bottom-up successfully. Networks have been formed to benefit students in some ways including close collaboration between schools and private institutions.

Finally, this paper concludes with a proposal to concretely define the concept of "education welfare" in the EWPP to avoid confusions in school settings. Even though education and social welfare are inextricably linked, it is necessary to consider what role education can play in a realistic antipoverty agenda and what the limits of that role are.

大 会 報 告

特集（公開シンポジウム） 比較教育学からSDG4を考える

特集の趣旨 ……………………………………………………………… 吉田　和浩／日下部達哉

学校での持続可能性に関する教育活動の実践上の
　要点と課題の検討 …………………………………………………………………… 木村　　裕
　――オーストラリア・サステイナブル・スクール・
　　イニシアティブの取り組みに焦点をあてて――

ブラジルにおける地域連携に基づく多様な教育
　空間の創造と課題 …………………………………………………………………… 田村　梨花

カンボジアの開発における教育とSDGsの展開 ……………………………………… 野田　真里

日本の高大連携プログラム「スーパーグローカル」の
　事例から ……………………………………………………………………… 山下　雅文／中矢　礼美

特集（課題研究Ⅰ）

東アジアにおける高大接続の比較研究 ……………………………………………… 小川　佳万

特集（課題研究Ⅱ）

公教育制度の第3ステージへの模索 …………………………………………………… 中島　千惠
　――自律的公設学校の国際比較を通して――

――――特集（公開シンポジウム）――――　　　比較教育学研究第58号〔2019年〕

比較教育学からSDG4を考える

特集の趣旨

吉田　和浩
（広島大学）

日下部達哉
（広島大学）

　日本比較教育学会第54回大会（2018年6月23、24日）では、東広島芸術文化劇場くららを会場として、「比較教育学からSDG4を考える」と題する公開シンポジウムを開催した。パネルは、木村発表がオーストラリア、田村発表がブラジル、野田発表がカンボジア、山下発表が日本という4か国のラインナップで、途上国、中進国、先進国、また日本という軸で見ることができる興味深い内容となった。

　持続可能な開発目標（Sustainable Development Goals：以下SDGs）は、世界が2016年から2030年までに達成すべき17の環境や開発に関する国際目標である。2015年9月の国連持続可能な開発サミットで世界193か国が合意したミレニアム開発目標（Millennium Development Goals：MDGs）の後継に位置づけられる。その目標内容は、「貧困や飢餓の根絶」「女性の社会進出の促進」「再生可能エネルギーの利用」などからなる17の目標と、各目標を実現するための169のターゲットからなるきわめて多様なものであり、環境に配慮しながら持続可能な暮らしや社会を営むため、世界各国の政府や自治体、非政府組織、非営利団体だけでなく、民間企業や個人などにも共通した目標としてつくられている。またSDGsでは、MDGsからの発展性として、途上国のみならず、すべての国・地域を対象としている。

　本シンポジウムが対象としたSDG4では、先進国を含む世界各国が、「すべての人に包括的かつ公正な質の高い教育を確保し、生涯学習の機会を促進する」ことが目指されている。これがカバーする範囲は広大かつ、各国が迎える発展段階はそれぞれ異なることから、比較教育学としてこれをとらえることは困難性が伴うことが企画段階でも想定されていた。これまで、「万人のための教育（Education for All：EFA）」を実現すべく、途上国をターゲットとして努

力がなされてきた領域では、教育開発に苦労している途上国の事例を並置比較すれば、了解可能性の高い比較研究として成立した。しかし、SDGsという新たな国際目標に対する現時点における各国の姿勢、国内の教育への活用方法などについては上記のような並置比較とは異なる、これまでにない比較ができるのではないかと考えられ、期待も込めた新しい試みとして、従来では並置されえなかった国々での比較が試みられた。

　発表は、下記4つからなる。発表内容の詳細は、各稿を読んでいただくとして、ここでは、SDGs、SDG4が各国の先端的な事例の中でいかに解釈され、実践に移されているかにフォーカスして、若干の解題を行っておく。

　まずオーストラリアの取り組みを理論面・実践面から紹介した木村発表では、オーストラリアが国家方針として学校教育全体を通じて持続可能性を教育することを打ち出しており、オーストラリアン・カリキュラムの中で9段階の組成概念を定義していることが紹介されている。オーストラリアの場合、カリキュラムが絶対的な到達基準として規定されているわけではないものの、持続可能性の具体像が明確に打ち出されている。また、国家プロジェクトとして推進されているオーストラリア・サステイナブル・スクール・イニシアティブ（Australian Sustainable Schools Initiative：AuSSI）の南オーストラリア版であるAuSSI SAの紹介もなされ、学校をコアにして地域住民や保護者にも波及させようとしている政策的側面が浮き彫りにされている。これらに対する課題として、フィエンらオーストラリアの理論的基盤を提供している議論から、「イデオロギーや権力、利害のせめぎ合いが、自他の価値観や社会認識の形成と、問題解決に向けた取り組みの選択に及ぼす影響」を考察することの重要性を紹介、また木村自身が結論部において、「学校および教師の裁量の余地の保障と、それを生かした実践づくりへの支援のあり方の検討」、「SDGsの達成や持続可能な社会の実現をめざすという方向性自体を、教育活動に関わるすべての人々が問い直す機会の保障」など、SDGs自体が「無批判な内面化装置」として機能してしまわないために、批判的に考察させることの重要性を認識している。

　田村発表では、田村氏自身のブラジルにおける長年の教育研究経験から、中進国ではあるが、人種間・地域間格差が未だ大きな課題であるが、貧困指数に

応じて教育予算の傾斜配分がなされるようになったという到達点がある一方、教育の質に関する問題があることを見出し、この問題について熟知するNGOを活用したセクター間連携による教育改善のフレームワークを見出している。論文では、きわめて精緻な調査・観察を通じ、NGOが持つ変革への重要な役割が物語られるとともに、全ての市民の参加という課題が横たわることを指摘している。しかしこうした前向きな成果や課題のみならず、政権交代によってこれまでセクター間連携によって築き上げられてきた寛容・連帯・共生といった要素が脆弱性にさらされる可能性もはらんでいることが指摘された。

野田発表では、カンボジアの「誰一人取り残さない」SDGsの展開と、同国で目指されている、包摂的で公正な質の高い教育の実現へ向けた動きについて報告がなされた。カンボジアには、2030年までに下位中所得国となり、2050年までに先進国となる意欲がある。しかし現状、多くの途上国同様に、グローバル化にいかに対応し、質の高い産業人材を育成していくかという課題に直面している。また移民、出稼ぎ、人身取引、子どもの農業従事の問題など「取り残される人々」をいかに掬い取るかという問題も横たわっていることを指摘する。

最後の山下発表では、「広島大学と広島大学附属福山高等学校による連携プログラム『スーパーグローカル』」の実践が紹介された。広島大学附属学校園はユネスコ・スクールとして、ユネスコ活動を先導的に推進する立場にある学校である。このため様々な国際的活動が実践されているが、本事例では、その一端が紹介されている。それは、授業に広島大学大学院国際協力研究科の留学生が協力することで、校内に小さなグローバル空間を出現させ、食、社会制度、農業、環境といったまさにSDGsがターゲットとしている地球規模課題を教材としている。授業では、留学生というリソースを存分に使って、単に知識のみならず、討議を通じた深い理解を得るとともに、提案力を身に着けることに成功している。これまで「銀行型教育」、「知識偏重主義」として批判的にとらえられつつも、なかなか抜け出せなかった旧来的フレームワークを、知識だけではない討議、理解、共感といったことを重視するような教育スタイルの「衣替え」に挑み、成功を収めており、日本におけるSDG教育モデルの嚆矢として紹介できる内容である。なお本報告については、資料作成、また本報告論

文における第二執筆者として広島大学の中矢礼美会員の補助を得ていることを付言しておく。

　これらを比較教育学の視点からみると、これまでの、いわゆる発展途上国といわれる国々の教育開発で雑駁に想定され、アプリオリに語られてきた量的発展から質的改善へという教育開発の様式自体が、多様化しつつあることを示している。国家が主導することもあれば、政策と実践が連携することもでき、NGOが主導する場合もある。特にSGDsが打ち出す「持続可能性」については、各国に大きな転換を迫っている。まずSDGsのメッセージそのものを問い直しながら咀嚼していこうとするオーストラリアの事例、そして銀行型教育を打ち破り、深い理解に到達させようとする日本の事例は、今後の持続的開発のための教育に先導的にならざるを得ない先進国型の教育といえる。

　その一方でSDGsは、量的発展の途上にもあるカンボジアやブラジルにも変革を迫るものとして導入されている。カンボジアでもブラジルでも、経済発展は焦眉の急であり、誰一人取り残すことなく産業人材を育成し、「先進国」になっていかなければならない。なぜなら、取り残された人々はGDP成長の妨げになり、彼らへの貧困救済策、福祉政策のために財政が割かれる、さらには紛争、内戦の恐れもあるからである。しかし、SDGsが求める教育内容は、そうした経済発展とは逆方向のものもある。例えば、日本がそうしてきたように、経済開発を行おうとすれば、森林が消え、海洋が埋め立てられ、CO_2が排出される。SDG4がいう「質の高い教育」には、こうした動きをいかに抑え、持続可能な開発をいかに進めていくべきかを、発展途上国や中進国の教育現場にも求めている。

　ここで本シンポジウムが明らかにしたことは、各国が、SDGsないしSDG4という国際目標に対して、どの程度到達しているか、あるいは途上国が先進国に追いつくという構図ではなく、SDGsをいかに捉えているか、また実践に取り込んでいるか、について世界的な多様性が発現している可能性がみえたことである。このことはSDGsがカバーする範囲が広大であることが、そうした多様性の発現を可能たらしめていると考えられ、今後の比較教育における研究展開が期待される点である。

大会報告・特集（公開シンポジウム）

　しかしまた一方で明らかとなったのは、持続可能性や環境配慮といった、様々な環境、経済、社会的課題について、我々は、「他国」で進行しているという認識ではなく、それらが地球規模で起こっており、国際社会として対応していかなければならない、という現実もつきつけられていることである。こうした現状に地球規模で応えていくためには、各国でSDG4をどうとらえ、実践しているかについて、既に多様化しつつある知見群を世界的に循環させていくようなシステムが必要であるし、おそらくは関連国際機関を中心にそういったシステム構築の動きは既にいくつか始まっている。日本をはじめ、世界に数多ある比較教育学会は、その結節点になりうると考えられ、本シンポジウムは一つの先鞭となったと確信している。

─── 特集（公開シンポジウム）─── 比較教育学研究第58号〔2019年〕

比較教育学からSDG4を考える

学校での持続可能性に関する教育活動の実践上の要点と課題の検討
―― オーストラリア・サステイナブル・スクール・イニシアティブの取り組みに焦点をあてて ――

木村　裕
(滋賀県立大学)

1．問題の所在

　国連総会においてその達成をめざすことが提案・決議された「持続可能な開発目標（Sustainable Development Goals：以下、SDGs）」では、「『誰一人取り残さない』持続可能で多様性と包摂性のある社会の実現」[1]がめざされている。そしてそのために17の国際目標と169のターゲットが設定され、それらの達成をめざした取り組みが各国で進められている。

　2005年から2014年までの「国連持続可能な開発のための教育の10年（Decade of Education for Sustainable Development：以下、DESD）」、ならびにその後継プログラムとしての「持続可能な開発のための教育（ESD）に関するグローバル・アクション・プログラム（Global Action Programme）」の推進にも見られるように、SDGsの達成とそれを通した持続可能な社会の実現に取り組むにあたって、教育活動は重要な役割を果たし得る。なぜなら、「持続可能で多様性と包摂性のある社会」の具体像やその実現に向けた取り組みのあり方について唯一絶対の「答え」が見つかっていない現状をふまえれば、多くの人々が知恵を持ち寄り、議論をしながら取り組みを進めることが不可欠だからである。そしてその際、学校教育を充実させることは重要な課題の一つとなるだろう。SDGsやそれと関連するトピックなどに興味を持っていない児童生徒も対象とすることができ、また、長期的・継続的に力量形成の機会を提供することが可能だからである。

　本稿で取り上げるオーストラリアは1901年に成立した国家であり、6州2直

轄区(ニュー・サウス・ウェールズ州、ヴィクトリア州、クイーンズランド州、南オーストラリア州、西オーストラリア州、タスマニア州、首都直轄区、北部準州)から成る。日本の約20倍の国土面積を有するオーストラリアには、多様な自然環境が見られる。また、先住民や移民、難民とその子孫たちによって形成されてきたという歴史的な経緯もあり、多様な背景を持つ人々によって構成されている国でもある。そのため、自然環境と人間との共存や多様な背景を持つ人々同士の共存は、国づくりを進めるうえで重要な課題の一つとなってきた。

こうした状況の中で、オーストラリアでは、「持続可能な開発のための教育(Education for Sustainable Development：以下、ESD)」や「持続可能性のための教育(Education for Sustainability：以下、EfS)」、「グローバル教育(Global Education)」など、持続可能な社会づくりをめざす教育活動が展開されてきた。具体的には、本稿で取り上げる「オーストラリア・サステイナブル・スクール・イニシアティブ(Australian Sustainable Schools Initiative：以下、AuSSI)」や「グローバル教育プロジェクト(Global Education Project：以下、GEP)」などの国家プロジェクトを通して、また、学校の教師やNGOのスタッフなどによる個別の取り組みを通して、多様な実践が展開されてきた。さらに、2008年の「メルボルン宣言」を受けて開発・導入されたナショナル・カリキュラムでは、学校教育全体を通して扱うべき内容の一つとして「持続可能性(sustainability)」が位置づけられている。

オーストラリアのESDについては、デ・レオ(de Leo, J. M.)が、その展開過程や類似の教育活動との関係を整理するともに、ESDに関する国内外の文書の検討を通じて、質の高いESDを実践するうえで重要となる教育活動の特徴を明らかにしている[2]。また、野口はオーストラリアにおけるEfSについて、オーストラリアでは特に学校教育の場における実践や議論が重ねられてきたことや、その特徴として、AuSSIを通したEfSの推進や「探究型学習」を通した実践の発展があることを指摘している[3]。さらに、曽我は、「ホールスクール・アプローチ(Whole School Approach)」に基づいて進められている南オーストラリア州におけるEfSの取り組みに注目し、そこで開発されたツールを紹介している[4]。

本稿では、これらの先行研究も手がかりにしつつ、学校教育の場における持続可能性に関する教育活動の実践上の要点と課題を明らかにすることを目的とする。その際、「ホールスクール・アプローチ」の重要性ならびに可能性に鑑みて、特にAuSSIの取り組みに焦点をあてて検討を進める。ただし、後述するEfSへの批判もふまえて、グローバル教育に関する議論も適宜参照する。

2．オーストラリアの学校教育における持続可能性に関する教育活動の位置づけ

（1） オーストラリアにおける持続可能性に関する教育活動の展開

ここではまず、オーストラリアにおける持続可能性に関する教育活動の展開を概観する。

野口によれば、オーストラリアでは1960年代後半以降、環境教育およびEfSが展開されてきた。また、オーストラリアにおけるESDは、EfSや環境教育とほぼ同義語として使用されている。ただし、オーストラリアでは1990年代初頭に"Ecologically Sustainable Development"という概念が固められ、その後の政府の文書においてもこれを意味するものとして"ESD"の用語が使われてきたため、"Education for Sustainable Development"を示すものとしてのESDは、DESDとの関連性の強い政策文書における使用にほぼ限定されているという[5]。デ・レオも、オーストラリアではESDの代わりにEfSの用語が広く使われていることや、EfSに類似のものとして、"Education for a Sustainable Future（ESF）"の用語も用いられていることを指摘している[6]。デ・レオはまた、オーストラリアにおいて展開してきた教育活動の中でESDと深い関連を持つものとして、環境教育に加えて、グローバル教育と価値教育（Values Education）を挙げている。これらはともに、国家プロジェクトを通して全国規模での取り組みが進められてきた教育活動である[7]。

このように、オーストラリアでは歴史的に、全国規模のプロジェクトを通して持続可能性に関する教育活動が進められてきた。それと同時に、NGOなども教材開発や授業づくりのコンサルティングに関わるなどのかたちで重要な役割を果たしてきた。多様な主体が、個別に、また、時には連携を図りながら、持続可能性に関する教育活動を展開してきたのである。

(2) オーストラリアの教育制度の概要と持続可能性に関する教育の位置づけ

　オーストラリアでは1901年の建国以来、憲法（1901年制定）の規定によって、教育に関する事項については各州・直轄区の政府が責任を有してきた。そのため、学校教育の教育課程や修業年数、学期の区分などは州・直轄区によって異なってきた。また、教育内容や方法、使用する教材などの決定に関しては学校や教師の裁量の幅が大きかった。

　しかし、国際的な競争力の向上と学校教育が果たす役割の重要性への認識の高まりを背景として、1989年に、オーストラリアで初めての国家教育指針である「ホバート宣言」が策定されるとともに、ナショナル・カリキュラム開発をめぐる取り組みが進められるようになる。その後も国家教育指針として、1999年には「アデレード宣言」が、2008年には「メルボルン宣言」が策定された。

　メルボルン宣言では、「オーストラリアの学校教育が公正と卓越性を促進する」ことと、「すべてのオーストラリアの若者が、成功した学習者、自信に満ちた創造的な個人、活動的で知識ある市民となる」ことが教育の主要な目標として示された[8]。そして、これらの目標の達成をめざして開発されたのが、「オーストラリアン・カリキュラム（Australian Curriculum）」と呼ばれるナショナル・カリキュラムである。これは、「メルボルン宣言」を受けて開発が進められ、2013年より、各州・直轄区に順次導入されてきた。現在では基本的に、オーストラリア全土に渡って、オーストラリアン・カリキュラムに基づく学校教育が進められている。

　オーストラリアン・カリキュラムは、「教科ごとの学習領域（discipline-based learning areas）」「汎用的能力（general capabilities）」「学際的優先事項（cross-curriculum priorities）」の三つの次元で構成されている。学習領域として設定されたのは、「英語」「算数・数学」「科学」「人文・社会科学」「芸術」「技術（Technologies）」「保健体育」「言語」の八領域である。汎用的能力としては「リテラシー」「ニューメラシー」「ICT能力」「批判的・創造的思考力」「個人的・社会的能力」「倫理的理解」「異文化間理解」の七つが、学際的優先事項としては「アボリジナルおよびトレス海峡島嶼民の歴史と文化」「アジア、およびオーストラリアとアジアとのかかわり」「持続可能性」の三つが挙げられた[9]。

汎用的能力と学際的優先事項は、あらゆる学習領域に埋め込むかたちで位置づけるものとされている。すなわち、汎用的能力は学校教育全体を通して育成がめざされるべきものとされ、また、学際的優先事項は、学校教育全体を通して扱われるべき内容とされているのである。

表1は、学際的優先事項の一つである「持続可能性」を構成する組成概念（Organising ideas）の一覧である。持続可能性は、「システム（Systems）」「世界観（World views）」「未来（Futures）」という三つのカテゴリーに分類される九つの組成概念で構成されている。

「システム」（組成概念1～3）では、生態系や社会的システム、経済的システムなどの相互依存関係、そして、持続可能な生活様式はそうした相互依存関係に依存しているという内容が示されている。「世界観」（組成概念4・5）では、持続可能性を実現するためには生物が健全な生態系に依存していることを認識することや多様性と社会的正義を尊重する世界観が不可欠であるということ、

表1　「持続可能性」の組成概念

		コード	組成概念（Organising ideas）
持続可能性	システム	OI.1	生物圏は、地球上の生命を維持する条件を提供している動的な（dynamic）システムである。
		OI.2	人の生命を含むすべての生命体は、その保全（wellbeing）および生存（survival）のために依存している生態系を通してつながっている。
		OI.3	持続可能な生活様式は、健全な社会的、経済的、生態学的システムの相互依存関係に依存している。
	世界観	OI.4	生物が健全な生態系に依存していることを認識するとともに、多様性ならびに社会的正義（social justice）を尊重する世界観は、持続可能性を実現するために不可欠である。
		OI.5	世界観は、個人的、ローカル、ナショナル、グローバルなレベルでの経験によって形成され、持続可能性に向けた個人およびコミュニティの行動とつながっている。
	未来	OI.6	生態学的、社会的、経済的システムの持続可能性は、未来の何世代にも渡るローカルおよびグローバルな公正さ（equity）と公平さ（fairness）を尊重する、知識のある個人およびコミュニティの行動を通して達成される。
		OI.7	より持続可能な未来に向けた行動は、ケア、尊敬、そして責任の価値観を反映しており、われわれに、環境について探究し、理解することを求める。
		OI.8	持続可能性に向けた行動を計画することは、予測される未来の経済的、社会的、環境的な影響に基づく、過去の実践の評価（evaluation）、科学的および技術的発展の評価（assessment）、そしてバランスのとれた判断を要求する。
		OI.9	持続可能な未来は、環境の質と独自性を保護し、さらに／あるいは修復するために計画された行動によって生じる。

出典）https://www.australiancurriculum.edu.au/f-10-curriculum/cross-curriculum-priorities/sustainability/（2018年11月3日確認）をもとに、筆者作成。

そして、そうした世界観は多様なレベルでの経験によって形成されるとともに行動とつながっているという内容が示されている。そして「未来」(組成概念6～9)では、持続可能性の実現のためには知識のある個人とコミュニティの行動が必要であることや、そのためには、経済や社会、環境についての理解や予測等が必要になることなどが示されている。このように、持続可能性については、それについて理解することにとどまらず、世界観の醸成や望ましい未来を創造するための行動の重要性までも含んで扱うこととされている。学校教育においては、こうした概念をあらゆる学習活動に埋め込み、扱うことが求められているのである。

ただし、オーストラリアン・カリキュラムは、絶対的かつ詳細な教育内容や教育方法を規定するものではない。したがって、持続可能性に関する取り組みを効果的に位置づけたり実践したりするためには学校独自のカリキュラムの開発や実践の具体化が不可欠である。この点について、AuSSIは重要な役割を果たしてきたと言える。そこで次に、持続可能性に関する教育活動の中でも特にEfSに焦点をあてて、その展開過程ならびにAuSSIの取り組みの概要を見ていく。

3．EfSの展開過程とAuSSIの概要

(1) EfSの展開過程

デ・レオによれば、オーストラリアのEfSは環境教育から発展してきた[10]。環境教育は1970年代初期よりオーストラリアの学校教育の一部分をなしてきたものであり、当初は自然科学と結び付けられていた。その後、1987年のブルントラント報告[11]において「持続可能な開発」の用語が示されて以降、国際的なレベルでのESDへの移行がオーストラリアにおけるEfSの変遷にも影響を与えた。すなわち、自然生態系の悪化に焦点をあてるところから、責任ある意思決定とエンパワーされた行動のための知識、価値観、スキルの発達への移行である。これはつまり、環境的な側面や生態学的な側面への注目のみにとどまらず、問題解決に向けた力量の形成と行動への参画までを含むものとしてEfSが捉えられるようになってきたことを意味すると解することができよう。

オーストラリアではその後、「生態学的に持続可能な開発のための国家戦略（the National Strategy for Ecologically Sustainable Development）」（1992年）、「持続可能な未来のための環境教育に関する全国行動計画（National Action Plan on Environmental Education for a Sustainable Future）」（2000年）、「持続可能な未来のための教育－オーストラリアの学校のための全国環境教育声明（Educating for a Sustainable Future: A National Environmental Education Statement for Australian Schools）」（2005年）、「われわれの未来を大切に思うこと－国連持続可能な開発のための教育の10年2005-2014に向けたオーストラリア政府の戦略（Caring for Our Future: The Australian Government Strategy for the United Nations Decade of Education for Sustainable Development, 2005-2014）」（2007年）、「持続可能なかたちで生きる（Living Sustainably）」（2009年）などが出される。本稿で注目するAuSSIは、こうした動きの中で2003年に開始されたものである。

　AuSSIは、連邦政府と州・直轄区政府、カソリック系学校部門および独立学校部門のパートナーシップであり[12]、オーストラリアのあらゆる学校に、EfSに関する活動への総合的なアプローチを提供することを目的としている。これは、2003年にニュー・サウス・ウェールズ州とヴィクトリア州において試験的に開始された。そしてその成功を受けて、クイーンズランド州、西オーストラリア州、南オーストラリア州にも資金が提供され、2004年に全国的な取り組みとしてAuSSIが立ち上げられた。その後、2005年半ばまでには北部準州と首都直轄区への、2007年にはタスマニア州への資金提供が行われるようになった[13]。今日では、各州・直轄区に設置されているAuSSIの実施機関を中心に取り組みが進められている。AuSSIへの参加は任意だが、2010年の調査では、全国のすべての学校のうちの約3分の1が参加している[14]。

(2) AuSSIの概要

　表2は、AuSSIが達成をめざす九つの目的の一覧である。これら九つの目的は、カリキュラム編成に関するもの（目的の「1」）、学校づくりや学校運営に関するもの（目的の「2」「3」「4」「5」「6」「7」）、学校政策実施機関の運営に関するもの（目的の「4」「6」）、コミュニティづくりに関するもの（目的の「7」）、個人のあり方に関するもの（目的の「8」「9」）に分類することができる。AuSSI

表2　AuSSIが達成をめざすもの

1. 学校のカリキュラムの不可欠な要素としての、持続可能性のための学習と教授
2. 学校の日常的な業務の一部として、持続可能性に対する自校のアプローチを計画し、実施し、見直すという一連のサイクルに積極的に参加する学校
3. エネルギー、水、廃棄物、生物多様性を含む天然資源を、より持続可能な方法で使用する学校
4. 持続可能性に向けた変化について報告する学校と学校政策実施機関（school authorities）
5. 地域のコミュニティ（local communities）と連携して持続可能性に向けて取り組む学校
6. 効果的な持続可能性のための教育を支援する指針（policies）と実践に取り組む学校と学校政策実施機関
7. 持続可能性に関するエートス（sustainability ethos）を支援する価値観を発達させる学校とコミュニティ
8. 持続可能性に関する構想（initiatives）と意思決定についての当事者意識（ownership）を共有する若者
9. 持続可能性に関する決定と選択を効果的に行うことを支援されている個人

出典）Australian Government Department of the Environment, Water, Heritage and the Arts, AUSTRALIAN SUSTAINABLE SCHOOLS INITIATIVE – Fact sheet（http://155.187.2.69/education/aussi/publications/pubs/aussi-factsheet.pdf：2017年12月1日確認）の1ページ目と2ページ目を訳出して、筆者作成。

では「ホールスクール・アプローチ」を採用し、学校教育の一部に持続可能性に関する学習を位置づけたり個人のあり方について言及したりするということにとどまらず、学習環境の整備や学校づくり、学校運営、コミュニティとの連携、コミュニティのあり方などまでを射程に入れて取り組みを進めるものとなっているのである。

　また、AuSSIでは表2に示した目的を達成するために、持続可能性に関する教材、計画や報告のためのツール、スタッフの訓練の機会なども提供している[15]。このように、教材やツールの提供に加えて学校や教師へのサポートも想定・準備していることは、EfSやAuSSIに関する知識や経験が豊富な学校や教師だけではなく、これから取り組みを進めたいと考えている学校や教師にとっても参加しやすく、取り組みやすくすることにつながると考えられる。そのため、AuSSIは、学際的優先事項（特に、「持続可能性」）を学校のカリキュラムの中に実質的に位置づけ、効果的に機能させることを助けるという役割も果たし得る。このようなかたちで、AuSSIでは、学校の裁量の余地を生かした取り組みを進めるための支援体制が整備されているのである。

4．南オーストラリア州におけるAuSSIの取り組み

(1) AuSSI-SAの取り組みの概要と「AuSSI-SAモデル」

　先述のようにAuSSIに関する取り組みは、各州・直轄区に設置されているAuSSIの実施機関を中心に進められている。ここでは特に、EfSを推進するための「AuSSI-SAモデル」(以下、「モデル」)の作成とルーブリック(rubric)の開発と活用を行っている南オーストラリア州（South Australia：SA）における取り組みに焦点をあてて、その特徴と役割について検討する。

　南オーストラリア州のAuSSIはAuSSI-SAと呼ばれており、州の「教育・子ども発達省（Department for Education and Child Development：DECD）」と「アデレード・マウントロフティ山脈天然資源管理委員会（the Adelaide and Mount Lofty Ranges Natural Resources Management Board）の連携により進められている。そこでは教材開発や教師に対するコンサルティングなどを行うことによってEfSおよびAuSSIを推進している。学校はAuSSI-SAに参加することで、子どもたちと教育者にとって有意義で地域と関連がある実践的な学習の支援を得たり、ネットワークや支援機関を通じた人的、物理的、財政的なものを含む様々な資源へのアクセスなどを得たりすることができる[16]。

　上述した「モデル」とは、**表3**に示した「文化」「理解」「学習」「コミュニ

表3　AuSSI-SAを構成する「モデル」の主要な要素

文化（Culture）： 　われわれの学校は、より広いコミュニティとともに、持続可能性の文化を発展させる。
理解（Understanding）： 　われわれの学校は、コミュニティとともに持続可能性に向けて動くために求められる理解、スキル、価値観を育成する。
学習（Learning）： 　われわれの学校のカリキュラム、学習プロセス、教授法（pedagogies）は、われわれが、より広いコミュニティの中で、また、より広いコミュニティとともに、より持続可能なライフスタイルを達成するのを助ける。
コミュニティ（Community）： 　われわれの学校は、コミュニティとともに持続可能性を達成する。
管理（Managing）： 　われわれの学校のリーダーシップ、ガバナンス、および管理プロセスは、EfSを発展させる。

出典）Department of Education and Children's Services, *Education for Sustainability: a guide to becoming a sustainable school*, Adelaide: South Australia, Australia, 2007, p.11, 13, 15, 17, 19をもとに、筆者作成。

ティ」「管理」という五つの要素から成るものである[17]。これらの五つの要素は、「文化」を中心としつつ、互いに関連するものとされている。すなわち、「文化」以外の四つの要素が充実することで学校内およびより広いコミュニティの中の持続可能性の文化の形成に影響を与えるとともに、文化が形成されることで、持続可能性をより一層反映させるかたちで他の四つの要素の発展が促されることが想定されているのである。

(2) AuSSI-SAにおけるルーブリックの役割

AuSSI-SAでは、「モデル」を構成する五つの要素すべてについて「開始（starting）」「挑戦（challenging）」「関与（committing）」「変革（transforming）」の四段階から成るルーブリックを作成し、各学校の取り組みを「開始」の段階から「変革」の段階へと発展させていくことを想定している[18]。表4は、各段階の特徴を示したものである。

「開始」の段階とは、持続可能な社会づくりの達成に向けて学校が変化を起こさなければならないという認識を持つとともに、現行の取り組みをふりかえり、どのように変化させていけそうなのかを明らかにするという段階である。次の「挑戦」の段階では、学校が変わるためにできることを実践するとともに、変わっていくためのプロセスを確立しようとする。続く「関与」の段階では、EfSが、学校での生活や学校外のコミュニティでの生活に統合される。そして「変革」の段階では、学校全体がコミュニティとも連携しながら、持続可能な生活を送る。これらの四段階の内容からは、学校での取り組みの現状把握と変化の必要性の認識から始まり、変化に向けた取り組みのプロセスの確立、学校やコミュニティでの生活への統合、そして最終的には持続可能な生活へとつな

表4　AuSSI-SAによるルーブリックの四段階の特徴

段階	開始	挑戦	関与	変革
特徴	学校は、変化の必要性を認識し、現行の実践に疑問を持ち、可能な方向性を明らかにする。	学校は、変化のための取り組みへの挑戦と変化のためのプロセスの確立に積極的に関与している。	EfSが、学校およびより広いコミュニティでの生活の中に統合されている。	学校は、コミュニティとともに継続的に学習し、持続可能な生活を送っている。

出典）Department of Education and Children's Services, *Education for Sustainability: a guide to becoming a sustainable school*, Adelaide: South Australia, Australia, 2007, p.9をもとに、筆者作成。

げていくことがめざされていることが分かる。

　ルーブリックを用いることによって、学校の教師やAuSSIを担当するスタッフには、「EfSについて議論するための共通言語」「学習と変化のための明確な方向性と指針」「より広いコミュニティと関わり合い、改善点を伝えるための手段」「継続的な改善を促すための評価、監督、意思決定のためのツール」の四つが提供される[19]。AuSSI-SAの担当者がこのルーブリックを用いながら、あるいは念頭に置きながら教師と話し合いを行うことによって、各学校の教師たちは、自分たちの取り組みがどのような状況にあるのか、より良いものにしていくためには何を行う必要があるのかといったことを確認したり、議論を行って実践を改善し続けたりしながら取り組みを進めていくことができるのである。

　持続可能な学校づくりやコミュニティづくりを行うという目的を掲げただけでは、具体的にどのような取り組みを行えば良いのかが分からず、充分な実践の展開や改善が望めるとは限らない。AuSSI-SAの「モデル」の明確化やルーブリックの提示は、各学校や教師がカリキュラム編成や授業づくりを行う際の指針を提供することにつながるとともに、実践を改善し続けることにも資する。AuSSI-SAではこのようにして、実践の質を保障するための方途が準備されていることを指摘できる。

(3) ルーブリックの具体像とその特徴

　表5は、「モデル」を構成する五つの要素のうちの「文化」と「学習」の要素に関するルーブリックである。他の三つの要素についてもルーブリックは作成されているが、本稿では紙幅の都合上、そしてまた、次節以降の検討の際に特に注目したい側面を考慮して、これら二つの要素を取り上げて分析する[20]。

　表5に示したように、「文化」については「ヴィジョンと価値観」「相互関連性」「ホールスクール・アプローチ」の三つの項目に、「学習」については「カリキュラム」「学習環境」「教授法」の三つの項目に分けるかたちでルーブリックが作成されている。他の三つの要素も同様に、それぞれ三つの項目に分けられている。

　「文化」について見てみると、「ヴィジョンと価値観」の項目に関しては、学校教育の場での取り組みを通して持続可能性に関するヴィジョンと価値観の発展をめざすことに加えて、「変革」の段階に明示されているように、コミュニ

表5 「モデル」を構成する「文化」と「学習」の要素に関するルーブリック

要素		開始	挑戦	関与	変革
文化	ヴィジョンと価値観	われわれの学校の持続可能性に関するヴィジョンと価値観を検討することの必要性を明らかにする。	われわれの学校は、持続可能性に関するヴィジョンと価値観を発展させるための包括的なコミュニティのプロセスに着手する。	学校生活のあらゆる領域を通したヴィジョンと価値観への関与の証拠がある。	より持続可能なライフスタイルを構築するために、核となるヴィジョンと価値観が、コミュニティ全体で実践され、更新され、共有されている。
	相互関連性	われわれの学校は持続可能性の社会的、環境的、経済的な要因の統合方法について熟考する。	われわれの実践の中には、社会的、環境的、経済的な要因の調和（balance）を反映しているものもある。	われわれの学校は意思決定を行う際に、社会的、経済的、環境的な要因に同等の価値を置いている。	持続可能性の文化を通して、社会的、環境的、経済的要因が統合されている。
	ホールスクール・アプローチ	個々人がEfSにおける自身の役割を熟考し、明らかにしている。	複数のグループが、自身の活動と学校の持続可能性に関するヴィジョンを調和させ、統合させる方法について熟考している。	学校全体が、持続可能性に関するヴィジョンの達成に関与している。	われわれの学校は持続可能なコミュニティの一部である。
学習	カリキュラム	われわれの学校では、カリキュラムを見直し、EfSのための機会を明確にしている。	われわれの学校では、コミュニティの優先事項を含んだ革新的なEfSのカリキュラムを開発する。	学校コミュニティ全体が、EfSの成果を達成する統合的なカリキュラムに関与している。	EfSのカリキュラムを発展させるための、コミュニティ全体とともに行う見直しと変革の継続的なプロセスがある。
	学習環境	われわれの学校では、学校内外における行動に基礎を置く学習を支援するための潜在的な学習環境の幅を明確にしている。	さまざまな環境が、持続可能性のための行動に基礎を置く学習を支援している。	われわれの学校では、持続可能性のための行動を起こすための多様な環境の利用に関与している。	持続可能性と教育上の成果は、多様な環境の中での行動に基礎を置く学習を通して達成される。
	教授法（pedagogy）	われわれの学校では、現行の教授実践を検討し、児童生徒の声および変化のプロセスへの参画の価値を明確にしている。	教育者と学習者は、持続可能性に関する体験を計画し、それに積極的に参画する。	持続可能性に関する成果は、カリキュラム全体を通して、児童生徒によって達成される。	学習コミュニティは、協働的に、持続可能な変化を導く。

出典) Department of Education and Children's Services, *Education for Sustainability: a guide to becoming a sustainable school*, Adelaide: South Australia, Australia, 2007, p.11およびp.15をもとに、筆者作成。

ティ全体でもそうしたヴィジョンと価値観を共有し、実践に移すことがめざされている。また、「ホールスクール・アプローチ」に関しても、たとえば「開始」の段階では主に個々人の取り組みに焦点があてられているのに対して、「挑戦」の段階では複数のグループ、「関与」の段階では学校全体、そして「変革」の段階では学校がコミュニティの一部となっている状態というように、文化が醸成されるべき範囲にも広がりが見られる。さらに、「相互関連性」の項目からは、持続可能性の文化を醸成するにあたって、社会的要因、環境的要因、経済的要因のすべてに価値を認め、それらを調和的に統合するかたちで取り組みを進めていくことの重要性が示されていることが分かる。

　次に、「学習」について見てみると、「カリキュラム」の項目からは、学校とコミュニティがEfSの達成に向けたカリキュラム開発とその実施、そして改善に関わるようになることがめざされていることが分かる。そして、「挑戦」の段階に見られるコミュニティの優先事項を含むカリキュラム開発や、「変革」の段階に見られるコミュニティとともに行う継続的なカリキュラム改革についての言及からは、各学校の実情にあわせたかたちでのカリキュラム開発が志向されていることが指摘できる。「学習環境」の項目からは、学校内外の多様な学習環境を利用することと、行動に基礎を置く学習の実現が志向されていることが分かる。これは、学校ならびにそれを取り巻く環境そのものを学習の素材とすることと、実際の行動への参画が学習の重要な要素の一部であることの表れであると言えよう。そして「教授法」の項目からは、教師と児童生徒がともに意見を述べ合い、行動に参画することを通して持続可能性の実現に取り組むことがめざされていることが分かる。

　以上のことから、AuSSI-SAでは、学校内で完結する学習活動を構想・展開するのではなく、学校を取り巻くコミュニティとも連携しながら学校での学びがコミュニティづくりにも波及するような学習活動を構想・展開すること、そして、そうした学習活動を通して持続可能性の文化が学校とコミュニティの双方に醸成されていくことがめざされていることを指摘できる。さらに、そこで計画されるカリキュラムや授業のあり方、学習環境、さらには教育活動そのものに対する考え方にも注意を払うことの必要性が示されていることが分かる。

　こうした取り組みをめざすことにより、教師や子ども、保護者、地域住民な

ど、そこに関わるすべての人たちが持続可能な社会づくりに参画するための文脈が生み出される。そしてそれは、学校で行われる学習が学校内での学習にとどまることなく、また、知識の習得や理想論の提案に終始することなく、持続可能な社会の実現に向けた行動への参画を伴った学習を保障することにつながることが指摘できよう。

5．EfSの課題とグローバル教育からの提案

(1) オーストラリアにおけるEfSの課題

デ・レオは、EfSでは当初から社会文化的側面や社会経済的側面よりも環境に関する側面が強調されており、この傾向は依然として見られるとする[21]。また、文言上は環境的な側面だけではなく社会的、文化的、経済的な側面も示されるようになってきたものの、学校教育の場におけるEfSの実践では依然として環境に関する側面に焦点があてられがちであることと、社会経済的、社会文化的側面は主として、グローバル教育を通して扱われてきたことを指摘する[22]。そしてさらに、グローバル教育が、ESDの本来の射程やねらいと最も密接に一致しているとする[23]。

先述のように、表5に示したルーブックを見てみると、「文化」の「相互関連性」の項目において、社会的要因、環境的要因、そして経済的要因のすべてに価値を認め、それらを調和的に統合するかたちで取り組みを進めていくことの重要性が示されていた。ただし、デ・レオの指摘をふまえるならば、ルーブリックではこれら三つの要因すべての重要性が示されているとしても、特にその実践レベルにおいて、環境的要因に重点が置かれる可能性がある。この点について、具体的な実践の検証は他稿に譲ることとし、本稿ではデ・レオが言及するグローバル教育に関する議論を参照しながら、AuSSI-SAで作成されたルーブリックの持つ制約とそれを乗り越える方途について若干の考察を行いたい。

(2) グローバル教育からの提案

オーストラリアのグローバル教育は、同国において1960年代から実践されてきた開発教育（development education）をもとに展開してきた[24]。これは、

1994年から2014年にかけては先述のGEPを通して国家プロジェクトとして進められてきたほか[25]、NGOやNPOなどによっても実践されてきた。

GEPではグローバル教育を、「将来、物事をよく知り、エンパワーされた地球市民となって、万人にとって平和で、公正で、持続可能な世界に向けて活動できるようになるための価値観や技能、態度、知識を学習者に教える」[26]教育活動と定義している。そして、教材開発や教師への授業づくりのコンサルティング、教員向けの研修会などを行うことによって、充実したグローバル教育の実践を広げるための取り組みを進めてきた。

オーストラリアのグローバル教育、特にGEPに理論的な基盤を提供しているのが、コルダー（Calder, M.）とスミス（Smith, R.）、およびフィエン（Fien, J.）の開発教育論である。表6は、両論の特徴をまとめたものである。

ここで特に注目したいのは、既存の社会構造の見直しと必要に応じた変革へ

表6　開発教育をめぐる主張の要点の比較

		コルダーとスミスの提唱する開発教育	フィエンの提唱する開発教育
社会構造への志向性		＊既存の社会構造の必要に応じた変革を志向する	
教育目的		＊既存の社会構造の批判的な検討と必要に応じた社会変革を視野に入れて、問題解決に向けた行動に参画することのできる人間の育成	
教育目標	社会認識	＊既存の社会構造が諸問題を生み出す主要な要因の1つになっているということの理解 ＊地球的諸問題の、時間的、空間的な相互依存関係 ＊地球的諸問題同士の密接な相互依存関係	＊複数のイデオロギーや権力、利害がせめぎ合う場としての社会 ＊そのせめぎ合いが諸問題を生み出す社会構造の形成に及ぼす影響
	自己認識	＊地球的諸問題と自分自身、自分と他者との間に見られる相互依存関係 ＊問題解決に資する自身の力量 ＊自他のものの見方や文化、価値観、行動様式	＊イデオロギーや権力、利害のせめぎ合いが、自他の価値観や社会認識の形成と、問題解決に向けた取り組みの選択に及ぼす影響
	行動への参画	＊社会認識の深化と自己認識の深化を基盤として、とるべき行動を学習者自身が自己決定することの重要性を強調 ＊自らの行動の結果を評価し、改善することの重要性を強調	
		＊地球的諸問題への認識を高めるための情報提供や情報共有 ＊個人で取り組むことのできる生活改善	＊政治的リテラシーの獲得を通した、民主主義と社会変革の政治プロセスへの参画
学習方法		＊学習への児童生徒の主体的な参画および他者との協同的な学習を保障する探究アプローチ	

出典）拙著『オーストラリアのグローバル教育の理論と実践－開発教育研究の継承と新たな展開』東信堂、2014年、p.136の表5-1を一部改変して、筆者作成。

の意識の位置づけである。たとえば表6の「社会構造への志向性」に示したように、両論では、既存の社会構造の必要に応じた変革が志向されている。また、「教育目標」について見てみると、貧困や格差、環境破壊などの地球的諸問題について、諸問題が生まれる要因としての社会構造や諸問題の背景にあるイデオロギーや権力関係などに目を向けることの必要性が示されている。これにより、社会に存在する経済構造や権力構造、文化的背景の持つ影響力などに目を向けた学習活動を行うことが求められるのである。

　こうした認識の視点や分析視角を教育目標化して明示することは、教育目標を達成するための方途を意識的に実践に位置づけることにつながる。「モデル」とともに示されたルーブリック（表5）の内容は、EfSを進めるうえでの大きな方向性を見通す際に重要な役割を果たす。ただし、その記述内容のみでは、持続可能性の実現に向けて取り組むことのできる人間を育成するうえで必要となる具体的な知識やスキル等の内容を把握することは困難である。この点についてはAuSSI-SAのスタッフが学校の教師向けのコンサルティングを行う際などに教師に伝えることが可能であるが、デ・レオの指摘をふまえるならば、それでもなお環境以外の側面の重要性や具体的な実践の方向性が充分に理解されないままに実践が進められている場合が少なからず見られることも想定される。グローバル教育ならびにその基盤となっている開発教育の研究成果もふまえながら、EfSを通して学習者に身につけさせたい力、すなわち教育目標の具体化や、そうした教育目標の到達度を把握するためのルーブリックの開発等を進めることが、こうした制約を乗り越えるため一助となるのではないだろうか。

6．結論と今後の課題

　本稿では、学校教育の場における持続可能性に関する教育活動の実践上の要点と課題を明らかにすることを目的として検討を進めてきた。ここまでの検討をふまえ、最後に、特に次の三つの要点と課題を指摘したい。

　一つ目は、学校教育の目的および具体的な取り組みのあり方の検討である。オーストラリアン・カリキュラムの学際的優先事項の一つに持続可能性が位置づけられていることに表れているように、オーストラリアでは国家の方針とし

て、学校教育全体を通して持続可能性に関する学習を行うことが示されていた。さらに、「モデル」に示されていたように、AuSSI-SAでは学校を取り巻くコミュニティとも連携しながら学校での学びがコミュニティづくりにも波及するような学習活動を構想・展開すること、そして、そうした学習活動を通して持続可能性の文化が学校とコミュニティの双方に醸成されていくことがめざされていた。唯一絶対の「答え」があるわけではない持続可能な社会の実現に向けた試行錯誤が各国で進められている状況に鑑みれば、現在を生きる大人も子どもも、めざすべき社会のあり方を模索し、自身の生き方を模索しながら歩んでいかなければならない。したがって、大人も子どもも自身の生活と未来の社会を創造するための主体であり重要な役割を担う一員であるという認識に立ったうえで、そうした主体となり、また、役割を担うために、既存の社会のあり方や自他の生き方を批判的に検討し、めざすべき姿を模索し、その実現に向けて取り組むための学力の育成を図ることが求められよう。そしてそのためには、オーストラリアン・カリキュラムやAuSSIの取り組みに見られるように、学校教育の目的を明確にすること、学校づくりや学校運営、コミュニティのあり方などまでを射程に入れた取り組みを進めること、さらには、既存の教科学習で扱われる内容を学ぶことが持続可能な社会づくりにどのように繋がるのか、その内容を学ぶことの意味とは何かを問い直すことが求められるだろう。

　二つ目は、教育目標の設定と評価ツールの開発である。「モデル」とルーブリックに見られるように、AuSSI-SAでは現状の把握と進むべき方向性を確認するためのツールが開発されていた。先述のように、認識の視点や分析視角を教育目標化して明示することは、教育目標を達成するための方途を意識的に実践に位置づけることにつながる。また、取り組みの現状把握とその後の方向性の確認は取り組みの絶えざる改善を促すものであり、取り組みの質を保障するために不可欠である。そのため、教育目標の検討や具体化と、教育目標の到達度や改善点を把握するための評価ツールの開発を行うことが求められよう。

　三つ目は、学校および教師の裁量の余地の保障と、それを生かした実践づくりを行うための支援のあり方の検討である。オーストラリアン・カリキュラムでは、学校や教師が創意工夫をして多様なカリキュラムの開発とその運用を行うことが可能な制度設計がなされていた。さらに、AuSSIの取り組みに関して

は各州・直轄区に実施機関が設置され、スタッフが配置されることによって実践づくりのための支援が行われていた。これにより、制度的に保障されている裁量の余地をうまく生かしながら学校独自のカリキュラムの開発や実践の具体化を行うことを支える取り組みが位置づけられていた。ここからは、カリキュラムの具体的な内容の決定主体として連邦政府や州・直轄区政府だけではなく教師や学校を位置づけることと、学校や教師が裁量の余地を十分に生かすことができるようにするための支援体制や力量形成に資する取り組みを進めることの重要性も見てとることができよう。

　以上の点を意識しながら取り組みを進めることは、各学校が児童生徒の実態をふまえながら持続可能な社会の実現に向けた教育活動を展開する助けとなるだろう。ただしその際には、SDGsの達成や持続可能な社会の実現をめざすという方向性自体を、教育活動に関わるすべての人々が問い直す機会を保障しておくことも重要であろう。こうした方向性が国際社会において合意され、それに向けた取り組みの重要性が強調されていることは事実であるものの、学校教育が学習者に特定の価値観に基づく社会像や判断基準を望ましいものとして無批判に内面化する装置として働くことは避けなければならない。そのためには、学校および学校教育が、SDGsや持続可能な社会についての深い理解を促し、それをもとにして学習者一人ひとりの価値選択や判断の能力を高め、より開かれた議論や自己実現を保障する場として機能することが重要である。したがって、EfSやESDを実践するにあたっては、「SDGsの達成」や「持続可能な社会の実現」という方向性自体も検討の対象とし、児童生徒を含めてそこに関わるすべての人々が自身の価値観を問うたり確立したりすること、そしてまた、互いの価値観に基づく議論を重ねながらより良い社会のあり方を熟考し、その実現に向けた行動に参画していくというプロセスを保障することが求められるのではないだろうか。

　なお、本稿では、AuSSIに参画する学校がこれらの要点ならびに課題をどのように扱いながら具体的な実践を進めているのかという点については検討できなかった。具体的な実践の分析も進めながらEfSやESDを効果的に展開していくための方途をさらに探ることを、今後の課題としたい。

【付記】　本稿は、平成27-30年度JSPS科研費 JP15K17351（「学力保障を基盤にした「持続可能な開発のための教育」の評価方法とカリキュラムの開発」：若手研究(B)）の助成を受けて行った研究の成果の一部である。

【注】
(1)　外務省「『持続可能な開発目標』(SDGs)について－SDGsを通じて、豊かで活力ある未来を創る」平成31年1月（https://www.mofa.go.jp/mofaj/gaiko/oda/sdgs/pdf/about_sdgs_summary.pdf：2019年1月18日確認）。
(2)　de Leo, J. M., *Quality Education for Sustainable Development: An educator handbook for integrating values, knowledge, skills and quality features of Education for Sustainable Development in schooling (Includes a critical analysis of the Australian National Curriculum)*, Adelaide: UNESCO APNIEVE Australia, Australia, 2012.
(3)　野口扶美子「オーストラリアにおけるEfS－地域の課題を自らが考え実践できる力を育む学校教育」国立教育政策研究所教育課程研究センター編集・発行『学校における持続可能な発展のための教育(ESD)に関する研究最終報告書』2012年、pp.217-226。
(4)　曽我幸代「南オーストラリア州のサスティナブル・スクールのための枠組み」永田佳之（編著・監訳）、曽我幸代（編著・訳）『新たな時代のESD　サスティナブルな学校を創ろう－世界のホールスクールから学ぶ』明石書店、2017年、pp.39-49。
(5)　野口扶美子、前掲論文。
(6)　de Leo, J. M., *op.cit.*, p.22. なお、デ・レオは、EfSは1970年代より学校で教えられていた環境教育から生まれてきたものであるとしている。
(7)　グローバル教育については、本稿で後述する。また、オーストラリアの価値教育に関しては、たとえば、オーストラリアの連邦政府による「オーストラリアの学校教育のための価値教育」(Values education for Australian schooling) のウェブサイト（http://www.curriculum.edu.au/values/values_homepage,8655.html：2019年1月18日確認）を参照されたい。
(8)　Ministerial Council on Education, Employment, Training and Youth Affairs, *Melbourne Declaration on Educational Goals for Young Australians*, 2008.
(9)　オーストラリアン・カリキュラムの詳細については、たとえば、拙稿「多様性を意識したカリキュラム編成と授業づくり－オーストラリアのナショナル・カリキュラムと全国学力調査に焦点をあてて」(伊井義人編著『多様性を活かす教育を考える七つのヒント－オーストラリア・カナダ・イギリス・シンガポールの教育事例から』共同文化社、2015年、pp.18-35)などを参照されたい。
(10)　以下の二段落の記述は、de Leo, J. M., *op.cit.*, pp.84-86に基づく。
(11)　ブルントラント（後のノルウェー首相）を委員長とする国連の「環境と開発に関する世界委員会」(通称、ブルントラント委員会)が1987年に公表した報告書「我ら共有の未来(Our Common Future)」(邦題『地球の未来を守るために』) のこと。この報告書によって「持続可能な開発」という用語が広く一般に認識されるようになったと言われる。
(12)　オーストラリアの学校は、公立学校と私立学校に大別される。そして私立学校は、カソリック系学校とそれ以外の学校(独立学校と呼ばれる)に分かれる。

(13) ARTD Consultancy Team (Chris Milne, et al.), *Evaluation of Operational Effectiveness of the Australian Sustainable Schools Initiative (AuSSI) – Final Report,* 2010, p.1.（http://155.187.2.69/education/aussi/publications/pubs/operational-effectiveness.pdf：2017年11月9日確認）。
(14) *Ibid.*, p.10
(15) Australian Government Department of the Environment, Water, Heritage and the Arts, *AUSTRALIAN SUSTAINABLE SCHOOLS INITIATIVE – Fact sheet*（http://155.187.2.69/education/aussi/publications/pubs/aussi-factsheet.pdf：2017年11月9日確認）より。
(16) Department of Education and Children's Services, *Education for Sustainability: a guide to becoming a sustainable school*, Adelaide: South Australia, Australia, 2007, pp.4-5.
(17) *Ibid.*, p.7.
(18) *Ibid.*, p.9.
(19) *Idem.*
(20) なお、他の三要素も含めたルーブリックの内容は、曽我幸代、前掲論文においても紹介されている。本稿で表5を作成するにあたっては曽我の先行研究も参考にしたが、基本的には筆者による独自の訳を使用している。
(21) de Leo, J. M., *op.cit.*, p.22.
(22) *Ibid.*, pp.85-86.
(23) *Ibid.*, p.89.
(24) オーストラリアの開発教育ならびにグローバル教育の展開や理論面での議論、実践の具体像については、拙著『オーストラリアのグローバル教育の理論と実践－開発教育研究の継承と新たな展開』(東信堂、2014年)を参照されたい。
(25) 連邦政府の政権交代に伴ってGEPに対する予算がなくなり、現在は国家プロジェクトとしての取り組みは終了している。
(26) Reid-Nguyen, R. (ed.), *Think Global: Global Perspectives in the Lower Primary Classroom*, Melbourne: Curriculum Corporation, Australia, 1999, p.3.

―― 特集（公開シンポジウム）――　　　　　　　比較教育学研究第58号〔2019年〕

比較教育学からSDG4を考える

ブラジルにおける地域連携に基づく多様な教育空間の創造と課題

田村　梨花
（上智大学）

1．はじめに――ブラジルにおける社会開発の軌跡と教育指標の変化――

　「万人のための教育」「ミレニアム開発目標」そして「持続可能な開発目標（SDGs）」が国際的課題とされてきた1990年代以降、ブラジルは実質的な民主化の時代を迎えた。その後、分権化とセクター間連携による社会政策が継続的に実施され、条件付き現金給付に代表される社会的包摂のための政策が進められてきた。本稿では、民政移管後のブラジルにおける教育開発の方針とSDG4との関連項目を整理し、この間発展した教育実践の地域連携と教育空間の多様化に注目し、持続可能な社会構築を可能とする教育の実現に貢献してきた市民社会組織の役割と今後の課題を整理する。

　民政移管後の社会開発は、1988年に制定された「すべての人の基本的人権」を保障するブラジル初の民主憲法に則り実現されてきた。奴隷制と大土地所有制によりもたらされた社会階層間の格差と不平等は多くの貧困層を生み出し、軍事政権の権威主義体制は人々から政治的自由と尊厳を剥奪した。そのような状況のなか、社会の底辺に置かれた人々の生活を守るため、そして彼らの抱える社会的課題を克服するための民衆教育、ノンフォーマル教育を実践する社会運動は人々の権利を求める運動として全国的に発展した。市民社会組織の経験と議論は、新憲法の編纂にも影響を与え、民主化のアクターとして機能した。地方自治の拡充を目指す分権化と、政策立案、審議、実施のプロセスに民間組織・市民社会組織の参加を重要視するセクター間連携は社会開発の基本方針として認識された。

社会的公正のための政策が実現されるのは、政権が安定をみる90年代中頃のことである。社会民主党のカルドーゾ（Fernando Henrique Cardoso）政権は基礎自治体のイニシアティブとセクター間連携を地域開発の主軸とし、貧困削減と格差の是正に取り組んだ。教育分野では、88年憲法を反映させた新教育基本法を1996年に制定し、初等教育の普及を最優先とする教育政策を実施した。新教育基本法による教育の分権化は、その後のブラジルの教育格差の是正に重要な役割を果たした。同法により高等教育は連邦、中等教育は州、初等教育は基礎自治体が権限を持つことが決められた。教育予算の基礎自治体への移譲が進められ、基礎教育振興基金によって貧困率が高い地域の公立校と教員の給与に予算が優先的に分配され、学校への直接投資プログラムによって公立校へ資金補助がなされるシステムができた。限られた財源を、ニーズの高い自治体にターゲットを絞って効果的に投資し、学校に関わる人々がその利用方法の検討に直接かかわることのできる学校運営の民主化が強化された[1]。

2001年に連邦政府プログラムとなった初等教育の年齢にある児童の就学を条件とする現金給付政策「ボルサ・エスコーラ」は2003年のルーラ（Luíz Inácio Lula da Silva）大統領に始まる労働者党政権の家族給付金「ボルサ・ファミリア」に統合され、低所得層に対する所得再分配政策と就学へのインセンティブが長期に継続して与えられることとなった。新興国としての経済成長に支えられて可能となった約20年にわたる教育開発の継続は、教育指標における成果をみせた。2017年、6歳〜14歳の就学率は99.2%、純就学率は6歳〜10歳が95.5%、11歳〜14歳が85.6%と高く、この教育水準においては社会的包摂の進展がみられていることがわかる[2]。

しかしながら、ブラジルに存在する人種間・地域間格差の解消は未だ重要な課題である。経済的発展過程の歴史的差異により、黒人、混血者の人口比の高い北部と北東部の貧困は、白人の人口比の高い南部と南東部と比較しいまだ深刻な状態にある。人間開発指数の教育指数でみると、1991年から2010年までの期間において全体の数値は増加しているものの、地域間格差は完全な解消には至っていない（図1）。また、分権化により地域開発の担い手となった基礎自治体は5570と数多く、自治体間の格差が際立っている（図2）。

格差の解決にはまだ課題が残るが、教育予算を貧困指数の高い基礎自治体に

ブラジルにおける地域連携に基づく多様な教育空間の創造と課題

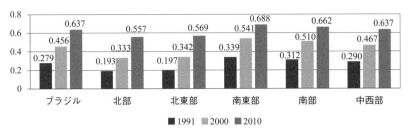

図1　地域別人間開発指数：教育（1991〜2010）

出所）PNUD, IPEA, FJP, *Desenvolvimento humano nas macrorregiões brasileiras:2016*, Brasília: 2016より筆者作成。

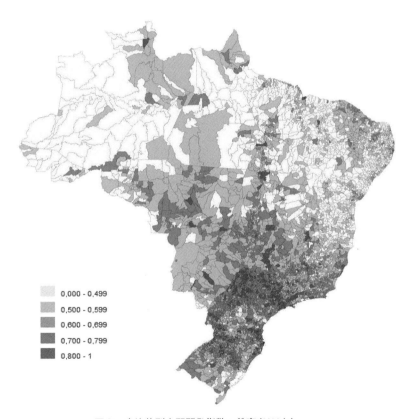

図2　自治体別人間開発指数：教育（2010年）

出所）PNUD, *Atlas do Desenvolvimento Humano no Brasil*
（http://atlasbrasil.org.br/2013/pt/consulta/）より筆者作成。

優先的に配分する分権化政策は、ブラジルの貧困の特徴に適った政策であることが理解できる。分権化により貧困層へのターゲティングと連邦政府の予算配分の適正化が可能となる。教育指標の変化は、分権化を最大限に生かした社会政策の成功例ともいえよう。

一方で、教育の質の問題も重要な課題である。学力評価[3]、学校のインフラ整備、教員養成などさまざまな側面で教育現場に存在する課題の克服には、セクター間連携が重要な役目を果たす。軍事政権下から地域の社会的課題の解決に取り組んできた市民社会組織やNGOは、教育の質に関わる問題を熟知している。教育審議会や学校審議会に代表される、地域的実践の経験や地域住民の声を学校運営や自治体の教育政策に反映させることができるセクター間連携のシステムは、教育の質の改善を目標とする地域的な連携関係の構築と、ミクロレベルにおける参加型開発を可能にする。

2. 教育開発と市民社会組織──モニタリングと地域的実践──

教育開発において、市民社会組織は主に政策立案と実施におけるモニタリングと教育活動の地域的実践という役割を果たしてきた。セクター間連携による権限を生かし、審議会やフォーラムによる提言を通じてブラジルの教育開発指針の民主的構築に貢献してきた。

1988年憲法と1996年の教育基本法に即した10年計画の国家教育計画（Plano Nacional da Educação: PNE）が2001年に法制度化された（法律第10172号）。第二次PNE策定にあたり、この10年間で目指された指標の多くが達成されていないことを批判し、市民社会組織をはじめとする教育に携わる諸組織はPNEをより実行力のあるものにするため数々の政策提言を行なった。政府が2011年に策定したPNEに対し、「教育の質」「教員の待遇改善」「教育支出」の項目の設定を再検討する必要があるとし、1999年の「教育の権利全国運動（Campanha Nacional pelo Direito à Educação）」、2006年に民間組織・市民社会組織から構成された「全ては教育のために（Todos pela Educação）」運動など複数のNGOが中心となり議論を重ね、対GDP教育支出と生徒一人当たりの教育支出に関する具体的目標を条文に盛り込むことを強く提案した。2010年12月には全国教

育会議（Conferência Nacional de Educação: Conae 2010）がブラジリアで開催され、その決議により全国教育フォーラム（Fórum Nacional de Educação: FNE）が発足した。フォーラムの参加者は多岐にわたり、基礎自治体の教育審議会、自治体全国連盟も策定に参加した。NGOと基礎自治体が積極的に参加する過程は、市民社会と行政の対話の場を形成した。最終的に2014年に新しい国家教育計画が法律となった（法律第13005号）[4]。

　SDGsについても同様に、その策定と推進におけるプロセスへの市民社会組織の参加がみられた。2016年10月に国家SDGs委員会が作られたが、そのメンバーの半数は市民社会組織で構成されている[5]。世界の市民社会組織が各々の経験を共有しながらポスト2015アジェンダの枠組みを議論するネットワークとして設立したBeyond2015キャンペーン[6]や「貧困をなくすグローバル・コール（Global Call to Action against Poverty: GCAP）」などの市民運動は、SDGsの策定過程に市民参加と透明性、包摂と責任説明、制度や実施主体の能力強化といった側面を反映させる重要な役割を持っていた[7]。1992年リオデジャネイロで開催された国連環境開発会議以降、世界社会フォーラムや2012年国連持続可能な開発会議でのピープルズサミットなど、NGOの世界的連帯を示すイベントにおいて中心的役割を果たしてきたブラジルの市民社会組織もBeyond2015等への参加やネットワーク[8]結成と議論を通じてSDGsの策定に関わってきた。

　自治体によるSDGs推進については、持続可能な開発推進への自治体会議の実施により地域開発への連携が重視され、全国自治体連盟による2016年の「ブラジルの自治体におけるSDGsの地域化（ローカリゼーション）ガイド」出版など、各自治体の多年度計画にSDGsの目標を具体的に導入するための地域レベルでの達成に向けた施策が行なわれている。市民社会組織もこうした地域的実践を可能にするため、持続可能なまちづくりに向けた自治体あるいはコミュニティレベルでのSDGs導入の提言や成功事例の共有を行なっている。

　このように、社会政策の策定と実施に影響を与えるアクターとしての地位を築き上げてきたブラジルの市民社会組織はPNEやSDGsといった目標達成に重要な役割を担ってきた。NGO教育アクション（Ação Educativa）によるPNEの20の目標とSDG4のターゲットとの関連をみると、4.1の教育の普遍化、4.3の

大会報告・特集(公開シンポジウム)

表1　ブラジル国家教育計画2014-2024（法律第13005号/2014）とSDGs

条	主題
1	10年を期限とするPNEの承認
2	PNEの10の行動指針を定める Ⅰ - 非識字の根絶 Ⅱ - 就学の普遍化 Ⅲ - 市民権の促進とあらゆる差別の撤廃の強化による教育格差の克服 Ⅳ - 教育の質の改善 Ⅴ - 社会の基盤となる道徳的倫理的価値の強化による職業教育と市民性の形成 Ⅵ - 公教育の民主的運営の原則の促進 Ⅶ - 国の人間的、科学的、文化的、技術的促進 Ⅷ - 質が高く平等な教育の拡大を保証する、対GDP比など教育への公的資金の適用の目標設定 Ⅸ - 教員の待遇改善 Ⅹ - 人権、多様性、社会環境の持続可能性の尊重の原則の促進
3	目標遂行の期限：特に定めのない場合はPNEの期限とする
4	統計資料に基づく目標：全国家計サンプル調査（PNAD）、人口センサス、学校センサス 障害のある4〜17歳の人口については該当省庁から情報を得ること
5	4機関におけるPNEの継続的モニタリングと実効の定期的評価：教育省、両院教育委員会、国家教育委員会、国家教育フォーラム
6	国家教育フォーラムによって調整される地域会議に先立つ、10年間に最低2回の全国会議の開催
7	国家、州、連邦区、自治体の協同体制
8	PNEに調和する地域における教育計画の工夫と調整を1年以内に行う
9	公教育の民主的運営のための特別法
10	方針、目的、政策に合う予算割当ての供託を保証する形で策定された連邦政府の多年度計画、連邦予算基本法、社会扶助基本法
11	州、連邦区、自治体との協同で行われる連邦政府による全国基礎教育評価システムは基礎教育の質的評価とこの水準の学校教育の公共政策の方針のための情報源となる
12	次の10年のための状況分析、方針、目標を含む次期のPNEに関連する法案の、立法の特権に影響のない形での国会への行政権による指導
13	2年以内に、特別法において、当局によって国家教育システムが制度化されなければならない
14	公布をもってPNEは有効となる

条項	主題	目標	SDG関連項目
1	幼児教育	2016年までに4歳から5歳までの幼児教育（プレスクール）を拡大し、PNEの期限の3年前までに50％を達成する。	4.2
2	初等教育	6歳から14歳までの9年間の初等教育を普遍化し、95％の生徒がPNEの期限までに適切な年齢でこの課程を終えることを保証する。	4.1
3	中等教育	2016年までに15歳から17歳までの全ての人口の就学を普遍化し、PNEの期限までに中等教育純就学率を85％にする。	4.1
4	特別教育／インクルーシブ教育	広汎性発達障害、ギフテッドを含む障害のある4歳から17歳までの人口の普通教育課程の基礎教育へのアクセスまたは特別教育における対応を普遍化し、多機能教室、特別なケアを含むインクルーシブ教育システムを保証する。	4.5
5	児童の識字／識字	最長でも初等教育3年次修了時までに、すべての児童に識字教育を行う。	4.1
6	全日制／包括的教育	少なくとも基礎教育の25％の生徒に対応する形で、公立学校の50％に全日制を提供する。	4.1,4.7

7	基礎教育の質（基礎教育開発指数：Ideb）／適切な学年での学習度到達	全ての教育レベルと科目において、進学率を改善し、次のIdeb平均値を達成できるように、基礎教育の質を確保する。 Ideb　　　2015　2017　2019　2021 初等開始年　5.2　　5.5　　5.7　　6.0 初等終了年　4.7　　5.0　　5.2　　5.5 中等　　　　4.3　　4.7　　5.0　　5.2	4.1
8	18～29歳人口の平均教育年数	農村地域、教育指標が低い地域、貧困者下位25％に位置する18歳から29歳までの平均教育年数を2024年までに最低12年間に到達させる。また、（IBGE申告の）黒人と非黒人間の教育年数の格差を解消する。	4.1,4.5
9	15歳以上人口の識字、完全非識字の撤廃／青年・成人の識字と機能的識字	15歳以上人口の識字率を2015年までに93.5％に増加させる。PNEの期限までに完全非識字を根絶し機能的非識字率を50％まで減少させる。	4.6
10	職業教育を含む初等中等教育における青年成人教育	青年成人教育のうち最低25％を初等中等教育において職業教育に統合した形態の就学にする。	4.3,4.4
11	中等教育の技術職業教育	中等教育の技術職業教育の就学を3倍にし、質の確保と共に定員数を拡大し、少なくとも50％は公立機関で提供する。	4.3,4.4
12	高等教育へのアクセス	18歳から24歳の高等教育粗就学率を50％に、純就学率を33％にし、質の確保と共に少なくとも公立機関における新規の就学を40％に拡大する。	4.3
13	高等教育の教員養成	高等教育の質を高め、教員における修士および博士課程修了者の割合を拡大する。高等教育システム修了者を75％、そのうち博士課程修了者を少なくとも全体の35％とする。	4.3,4.c
14	大学院へのアクセスと修了者の拡大	修士課程大学院の就学者数を段階的に増加させる。年間6万人の修士号と2万5千人の博士号を目標とする。	4.b
15	高等教育水準（あるいは専門分野に関する知識体系の教職コース）を備える基礎教育教員の養成	連邦政府、州、連邦区、自治体の協力のもと、PNE施行1年の期間内で、法律第9394号（教育基本法、1996年12月20日）第61条のⅠ・Ⅱ・Ⅲ号にある教員養成の国家政策を保証する。それにより、全ての教員が自身の専門分野について教職課程で得られた専門分野を高等教育課程で履修できることを保証する。	4.c
16	基礎教育教員の継続養成と大学院進学	PNEの期限までに基礎教育の教員の50％が専門分野の大学院および専門コースを修了し、多様な教育システムのニーズと内容を考慮する継続養成コースへのアクセスを基礎教育教員に保証する。	4.c
17	2019年末までに同水準の教育歴をもつ職業と公立教育機関の教員の所得を同額にする／教員の待遇改善	PNE施行6年後の末までに、基礎教育の公立機関の教員の待遇を他の同学歴の平均所得と同等のものとする。	4.c
18	全ての教育組織における基礎教育および高等教育の公立教育機関の教員の昇格基準／最低賃金法に基づく公立基礎教育教員の職業別最低賃金の保証	2年間を期限として、全ての教育システムの基礎教育と高等教育の教員の昇格基準を保証する。公立教育機関の教員には憲法第206条第8号の連邦法で定められた職業別最低賃金を満たすものとする。	4.c
19	教育の民主的運営	2年間を期限として、公立学校において、国家からの資金および技術支援を見込んだ上で、教育の功績と履行の専門的基準と学校コミュニティへの公的諮問に沿った教育の民主的運営の実現のための条件を保証する。	17.1
20	公教育への公的投資	教育への公的投資を、PNE施行5年以内に対GDP比7％、10年以内に対GDP比10％を達成できるよう拡大する。	17.1

出所）Brasil, *Plano Nacional de Educação 2014-2024: Lei nº 13.005, de 25 de junho de 2014*, Brasília: Câmara dos Deputados, Edições Câmara, 2014; *Observatório do PNE* (observatoriodopne.org.br); Ação Educativa, *A implementação dos Objetivos de Desenvolvimento Sustentável no Brasil e os desafios das metas em educação*, 2017をもとに筆者作成。

中等・高等教育、4.cの教員養成が強調されている（表1）。さらに、教育の民主的運営と、PNEの議論の主要テーマとなった教育の質の達成に必要な公的投資の確保を求めた主題もSDG17「持続可能な開発のための実施手段を強化し、グローバル・パートナーシップを活性化する」との関連性のある項目である。PNEとSDGsにおける目標に共通点が多いことは、長い年月をかけて行政と市民社会の参加による議論の場を重ねながら、貧困と社会的不平等という課題を持つブラジルに必要な教育についてPNEが民主的プロセスを経て策定されたことの表れでもある。PNEの実現がSDG4の達成に効果を与えると理解することができる。

3．教育の質的改善のための政策──包括的教育の概念と教育空間の拡大──

　教育の質の改善は、教育指標の改善傾向の中でブラジルが次に取り組むべき主要課題とされてきた。2007年、国家教育研究所（Inep）は教育の質を分析する要素として社会経済文化的影響力をもつ学校外の側面と、カリキュラム、学校運営、教員と生徒に関わる学校内の側面に整理しそれぞれの課題を提示した[9]。この時期、ブラジルでは初等教育の質の検討において「包括的教育（Educação Integral）」[10]という概念が注目されてきた。

　ブラジルにおける「包括的教育」は、全日制化による学習時間の確保、ホリスティックな人間形成とカリキュラムの多様化を、地域との連携から実現しようという概念である。1996年の教育基本法により規定されていた全日制化は教育政策における最優先事項であったが、その学習時間の増加を教育実践の民主化に連関させようとする議論が生まれた。基礎教育局包括的教育担当部局長であったモール（Jaqueline Moll）は、20世紀以降の教育の民主的改革の先駆者であるブラジル教育思想家たちが求めてきた「学校を地域社会にひらくことで多様な学びの空間を提供する」概念[11]と、1990年にスペインのバルセロナで結成された「教育する都市国際協会（International Association of Educating Cities）」[12]の掲げる「地域のあらゆる場面を教育者とする」理念とを融合させ、社会的包摂と教育の民主化を可能とする包括的教育の実践における地域連携の重要性を示した。

この概念は、2008年より教育省、文化省、スポーツ省、科学技術省、環境省、社会開発省による複数省間の連携のもと「教育増強プログラム（Programa Mais Educação）」として政策化された。学校数を増加する代わりに、学校外で行われているノンフォーマル教育や地域の文化活動に生徒を参加させ、その時間を学習時間に算入することで一日7時間以上、すなわち全日制に相当する教育を確保するという仕組みをもつ。教育の階層別格差や地域格差を解消するため、低所得層児童の集中する公立学校を対象として、教育活動の実施の必要経費を自治体経由で資金移転する。学習支援、文化芸術、環境と連帯経済、スポーツ、人権、健康といった、さまざまな市民社会組織が展開する教育活動を資源とし、地域とつながることで、カリキュラムの多様化と学習時間の確保をめざす政策である。

　この政策の構想には、民主化以降、草の根レベル、コミュニティレベルで教育を民主化する活動を続けてきたNGOの教育実践が影響を与えている。そのひとつがサンパウロのNGOアプレンディス（Cidade Escola Aprendiz）の「地域－学校プログラム」である。地域の抱える社会問題の解決のための教育に資する社会文化活動を、地域住民の参加により実践し、学校を巻き込みながら、地域に教育の領域をつくりあげ、子どもを取り巻く社会環境を包括的に改善する試みとして、1998年より開始された。この教育実践は、マイノリティの包摂、多文化尊重、カリキュラム柔軟化により社会的公正が実現される社会構築の源泉であるとし、地域社会に存在するあらゆるセクターが協力関係を持って教育空間を創造する地域連携による教育改革の方法を理論化し、多くの自治体でモデルとして導入された。

　アプレンディスの教育担当主任シンジェル（Helena Singer）は包括的教育を「知性、感情、身体、社会、倫理といった全ての側面における個の発達を確実なものにするための、その領域にある多様な空間と行為者の調和的関係」を意味し、その実現には「地域社会を教育する地区として変革する共通目標を持つプロジェクトに関わる多様なアクターの統合」が不可欠であり、その主要な役割を果たす学校に求められる要素は「民主的（資質）」と指摘する[13]。

　包括的教育の概念に基づく教育活動が、ノンフォーマル教育組織と公教育との接合という形態で実践され、地域連携によるアクターの多様化が実現した。

学校が位置する地域には、住民協会、NGOによる市民教育活動、地域の文化活動、そして保護者、地域住民が存在し、それらが連携することによって教育の領域ができあがる。その運営・管理が自治体行政の役割となる。

　自治体は、教育の発展を地域に安全と安心をもたらす存在として捉えている。よって地域社会との連携をいかに円滑に行い、教育活動への理解と必要な人的・物的支援を得られるかが課題となる。ブラジルにおける無数のノンフォーマル教育の地域的実践は、固有の地域に必要とされる課題を重要視し、地域文化に関連する教育、社会的公正を実現できる力を持つ市民教育として変革と創意工夫をもたらす教育活動の経験の蓄積を有している。自治体と市民社会組織の双方の目的を実現する地域連携に有効なモデルを求めて、各地におけるノンフォーマル教育の実践例が注目されるようになった。包括的教育の実践は地域的多様性を有するため、各地域の経験と知識のための情報共有がNGO主導で進められた[14]。

　教育省も、それらの「良き地域的実践」をデータベース化する試みとして、2015年「基礎教育におけるイノベーションと創造」プログラムを実施した。シンジェルが統括コーディネーターとなり、地域ごとに審査委員会を設置し、民主的組織運営、人間形成と文化、共生と多様性、学習者主体、セクター間連携をキーワードに、特色ある教育活動を行なう組織のマッピングを行なった。応募数683組織から選定された178組織の実践例について、ウェブサイト上で地域、組織形態、教育課程等の諸項目で検索できるシステムが構築されている[15]。

　このように、教育開発における地域社会を基盤とする公教育と市民社会組織との連携を推進する教育方針が定められ、自治体とNGOとの連携関係が構築されるとともに、教育空間は学校の壁を超えた広がりを持ち、そのアクターの多様化が促進された。

4．多様なアクターによる教育空間の変革の地域的実践

　以下、ブラジルの教育実践の地域連携の具体的な取り組みの事例を考察する[16]。

(1) 学校と地域住民の協働によるイニシアティブ
―― サンパウロ市エリオポリス住民協会とカンポス・サーレス初等学校 ――

　エリオポリス（Heliópolis）は人口数20万人を超えるサンパウロ中心部に近い最大級のスラムで、20世紀前半から労働者のインフォーマルな居住地として発展し、主に居住に関わる問題解決のため、1970年代から住民運動の萌芽をみた地域である。80年代、居住に関する住民の権利を意識し、保健、環境、教育、雇用といった社会的課題を議論する女性運動が発展し、1986年にエリオポリス住民協会が設立した。このようにエリオポリスには地域住民が社会的課題に主役として取り組む素地が形成されていた。

　1995年に市立カンポス・サーレス初等学校の校長として着任したノゲイラ（Braz Rodrigues Nogueira）が「治安の劣悪な地域で暮らす生徒の生活環境を変えたい」として住民協会に協力を求め、コミュニティとの連携関係を構築した。1999年、学校からの帰宅途中に女子生徒が殺害された悲劇的な事件を機に、学校、住民組織、NGO、芸術活動家、女性運動、黒人運動が協力して「平和の太陽運動（Movimento Sol da Paz）」を組織し、暴力的な事件を二度と繰り返さない街を目指す市民デモ「平和を求める行進（Caminhada pela Paz）」を開始した。このデモは毎年6月にカンポス・サーレス初等学校を出発し市街地の路地約4.5キロを練り歩くこの街の毎年の恒例イベントとして定着している。

　ノゲイラは住民組織と連携して「すべての場所を教育空間に」というスローガンのもと、エリオポリスを「教育する地域（Bairro Educador）」とする理念を掲げた。アプレンディスとサンパウロ大学、サンパウロ市共催のコミュニティ教育コーディネーター養成講座に参加する過程で共有した教育の民主化のアイデアを取り入れ、教室の壁を取り払ったオープンスクール形式でのグループ学習の導入、生徒自身が委員となって地域社会の課題を意識化する教育活動を立案するカリキュラムの質的改革、コミュニティメンバーが参加する教育審議会の強化など学校運営の民主化に取り組んだ。

　地域住民の生活空間に文化と教育の拠点を作るという学校と住民組織両者の目標を実現すべく、2008年には幼稚園、初等学校、中等技術校を含む複合教育施設「エリオポリス教育文化センター（Centro Educacional e Cultural de Heliópolis）」を創設し、学校を地域社会に開かれた文化活動の場として再生させた。このセ

ンターは2015年にはサンパウロ市の教育統合センター（Centro de Educação Unificado: CEU）としても機能している。エリオポリスにおける教育実践の成功は、教育開発の役割を学校に限定せず地域社会、特に地域の社会的課題の解決に取り組んできた歴史的蓄積のある住民組織との連携関係を重要視したことにある。

(2) 学校によるイニシアティブ
——サンパウロ市シャカラ・ソーニョアズール幼稚園——

シャカラ・ソーニョアズール幼稚園のあるジャルディン・アンジェラ（Jardim Ângela）地区は、サンパウロ市南部の郊外に位置する。90年代初期に2万7千平方メートルの小農園を農民が占拠し240区画に分割して生まれたスラムである。下水や電気などの基礎インフラは皆無で、2003年の調査で住民の約半数は無収入という高い貧困指数を示す地区であった。

2007年、市立シャカラ・ソーニョアズール幼稚園の園長マルティンス（Antonio Norberto Martins）が、地域の社会環境の改善を目的とし、教育空間と地域社会との距離を近づけるために、幼稚園という公的空間を保護者や地域住民が集まる場に変容させるアイデアを探し、アプレンディスに協力を求めた。2009年より「地域－学校プログラム」が実施され、コミュニティリーダー、教育行政担当者、教員、市民社会組織による「地域連携グループ（Grupo Articulador Local）」が発足し、住環境、教育、治安、文化活動などをテーマとするフォーラムやフリートークなど、行政や住民組織、子どもや若者が議論する空間を創造した。その多くは、シャカラ・ソーニョアズール幼稚園の校舎を会場として開催された。

地域文化の潜在力を発見する試みの中で、地域に根差す文化活動が注目された。2000年からジャルディン・アンジェラでヒップポップ音楽を演奏していたバンドの活動は、地域で生まれた文化を若者自身の声で表現する方法により社会文化的包摂の力をもつとして芸術文化イベントで中心的役割を果たした。また、フォーラムに意欲的な参加をみせたのは当該地域の住環境改善や交通インフラの要求運動などに取り組んできたコミュニティリーダーであった。近隣の住民組織とも連携し、文化活動に積極的に参加した。

マルティンスの意図した公教育の場所を多様なアクターの集まる民主的な議論の場にする試みは、地域の子ども、若者、保護者、住民組織を有機的につなぐ役割を果たし、若者が主体となり地域文化を創り出す機会を提供した。幼稚園の運営においても、園の周囲の環境美化を保護者、地域住民の参加の協力により改善したり、園芸や街歩き、芸術創作活動、多文化理解などの市民教育をカリキュラムに積極的に取り入れ、音楽やダンスの発表会といった文化行事を地域住民が自由に参加できる形態で実施し、公教育と地域社会の距離を近づける活動を続けている。

(3) NGOによるイニシアティブ
──パラ州ベレン市NGOエマウス共和国運動──

ここでは上記2つの事例とは異なり、NGOによる公教育へのアプローチの事例を紹介する。エマウス共和国運動（Movimento República de Emaús）は1970年より路上で働く子どもの権利を守るための社会教育活動を行なうブラジルのNGOである。ブラジル北部パラ州ベレン市（Belém）における都市貧困地域の子どもと若者を対象に芸術文化活動、職業教育、市民権教育を実践し、彼ら／彼女たちの日常生活に結びついた問題について考える機会を提供し、「社会を変革する連帯のために」をスローガンとして活動する市民社会組織である。活動初期は、労働に従事したり路上で生活する子どもが集まって食事をとることのできる居場所をつくることで、都市中心部の貧困地域の子どもが抱える社会的排除、暴力、ドラッグ、若年妊娠などの社会的課題の解決策を子どもと共に考える民衆教育を実践してきた。現在は、郊外の貧困地域で生活する子どもと若者に対して、芸術文化活動、地域的課題の解決、市民としての権利など、自らの可能性を広げ公正な社会を構築するために必要な教育活動を行なっている。

都市貧困地域で暮らす若者を取り巻く深刻な社会問題である性的搾取や、アマゾン川流域をルートとする人身売買を防止するための教育活動は、アマゾン地域の市民社会組織が取り組んできた重要な課題である。2005年、セクシュアリティと権利を意識化する教育活動としてジェピアラ[17]・プロジェクトが立ち上がり、日常生活に潜む性暴力の危険性を可視化し、自らのいのちを守る知識と方法を意識化するため、性的搾取をテーマとした人形劇を制作した。原

案から台本までメンバー全員で制作し上演を行なう一連の創作活動を通して、性的搾取を生み出すジェンダー間の差別や抑圧、その根底にある貧困問題を引き起こす社会構造について議論することにより自分自身の問題として理解し、性暴力を許さない社会を創り出す主体としての行動を学ぶプロセスを経験することになる。

性的搾取に関わる議論のなかで強調されたのは、「エマウスのような市民教育を受ける機会のない公立学校の同世代の若者にこのテーマの重要性を伝えたい」という願いであった。ボアールの被抑圧者の演劇の手法[18]に則り、幕間に観客とのディスカッションを入れ、観劇する若者も劇のテーマである性的搾取の問題について主体的に考え、意見を述べることのできる舞台を、2012年から翌年にかけてベレン市内の公立初等中等学校84校で上演し、観客生徒数は約1000人にのぼった。ジェピアラの活動は、NGOの教育活動に参加する子どもと若者自身が学習者から教育者となり、ノンフォーマル教育の活動を公教育の空間に持ち込み、都市貧困地域に存在する性的搾取という社会問題を共有する仲間に、自らのいのちを守る知恵を分かち合う機会を提供したといえる。

(4) 自治体によるイニシアティブ
――ミナスジェライス州ベロオリゾンテ市――

ブラジル南東部に位置するベロオリゾンテ（Belo Horizonte）市は、90年代から市立学校と教育行政をつなぐ市教育ネットワーク（Rede Municipal de Educação）を導入し、学校改革に取り組んできた基礎自治体である。市教育ネットワークは学校が地域と連携関係を結ぶことによって得られる教育効果について注目し、いくつかのプロジェクトを展開した後2007年に「包括学校プログラム（Programa Escola Integrada）」というセクター間連携プロジェクトを開始した。ベロオリゾンテ市は、包括的教育の概念に影響を与えた「教育する都市国際協会」に2000年から加盟している都市でもある。

子どもの学びのニーズに応えるために都市の持つ潜在力を活用する目的を持つ「包括学校プログラム」では、初等学校の生徒の学習時間は9時間確保され、一日3食の提供を受けることができた。コミュニティとのつながりを強化する目的を持つ教育活動は、大学、NGO、芸術家、地域企業との協力のもと、公

園、美術館、図書館など地域の文化資源を利用し、教育カリキュラムの多様化を促進した。また、教育の現場では、その分野に詳しい地域住民の代表が「コミュニティの先生（professor comunitário）」として課外授業に同行し必要な解説を行う方法がとられた。地域連携による教育改革に献身し市教育局長から州教育局長に任命されたエヴァリスト（Macaé Evaristo）は、「包括学校プログラム」の特徴を包容性（市行政、13大学、65のNGOとの教育創造の協働）、制度化（教育設備への税制優遇）、知識の多様性（生徒、学校、地域社会が新しい教育を発見する機会をもたらす）としている[19]。

　学校教育の地域連携における大学の積極的な利用も「包括学校プログラム」の特徴である。プログラムのための研修を受けた公立および私立大学のさまざまな学部の学生が奨学生として教育現場で先生役を務める経験は、学生自身に学びを提供するとともに、初等学校の「実際」にふれる機会を与える。地域の公立学校の現実と課題を現場で知ることは、将来教員を目指す学生にとって貴重な経験となる。

　2007年の活動当初は27校から始まった包括学校プログラムは2012年までに172校で実施される規模となった。ベロオリゾンテ市の試みは教育行政がイニシアティブを持つ例であるが、コミュニティの文化資源やローカルな知を教育現場に生かそうとする姿勢と、多様なアクターとの協力的な連携関係が構築されている。学校が社会との相互関係の拠点となることを目指し、コミュニティに存在する様々な文化的空間を教育の場として利用することで、教育カリキュラムの文脈化を高める教育プログラムの経験を蓄積してきたとして評価されているベロオリゾンテ市の事例は、「教育増強プログラム」の策定に影響を与えた存在でもある。

5．むすびにかえて

　限定的な事例ではあるが、重要な点は、どの教育実践においてもその地域で最も必要とされていることが主題となっていることにある。本稿の事例によれば、それは誰もが安心できる社会の構築であり、地域を豊かにするコミュニティの形成であり、子どものいのちと権利を守ることであり、文化の力で人間

性を育てる教育への意識の共有である。いずれの事例も、教育を手段とすることで、社会的包摂を実現し、地域に存在する多様性を知り、それらを尊重する機会を持ち、自分たちが生活する場所である地域の環境を意識する、SDGsと共通する目的を持っている。学校、地域社会、市民社会組織、自治体行政の連携は、多様な教育活動と文化的価値との出会いをもたらし、地域に根差した教育実践の創造を引き起こす。学校の位置する地域をひとつの教育領域として捉え、自然環境、社会、文化を尊重し、その場所で暮らす人々を主人公とする価値観に基づく教育実践を探求するプロセスを、教育に関わる全てのアクターに提供する。

　ブラジルの教育活動の地域的実践は、持続可能な社会構築のための教育活動の地域化（ローカライゼーション）が、規模は小さくとも、学習と地域的課題を結びつけ、学習者自身をその教育の場、つまり地域の主役へと変えていくような強い力を持っていることを示している。その変革には、ブラジルで民主化の担い手となった市民社会組織、特に民衆教育の経験の蓄積を持つNGOが重要な役割を果たしている。民衆教育組織はその地域で暮らす人々にとって必要とされる社会的ニーズや、人々にとって重要とされる文化活動を世代を超えて受け継いできた地域の資源を有しているからである。また、ネットワーク型のNGOが地域に根差した教育の創造を目指すアクター間の連携を促進する役割を担っていることも重要な特徴である。

　しかしながら、教育活動の地域連携への市民社会組織の参加は、全ての市民の参加を意味するものではない。教育領域の重要性をその場所で暮らす全ての人々が意識する水準に変化させるためには、教育機会の重要性と地域の文化的価値を理解するための地域に開かれた取り組みが必要とされるだろう。

　また、こうした教育実践の継続性に対し、政権交代は深刻な影響を与える。現在のブラジルの政治動向から、これまで着実に行われてきた社会的包摂を目的とする社会政策とセクター間の連携と対話に基づく民主的社会改革が中断されてしまう可能性が浮上している。2016年8月に労働者党のルセフ政権が弾劾裁判で罷免され、テメル副大統領による暫定政権下で新自由主義的構造改革が行われてきたが、2018年10月28日の大統領選挙により極右派で人種差別主義者のボルソナロ（Jair Bolsonaro）が当選したことから、社会全体に不寛容と分

断が進むことが危惧されている。これまでブラジルが時間をかけて丹念に作り上げてきたさまざまな民主的制度や多様性を尊重する社会政策が影響を受ける可能性は高いが、本稿でみてきたようなより良い社会構築を目指す市民社会と自治体行政の意識の共有がゆるぎないものであれば、ブラジルで生まれた教育の民主化の実践と社会的包摂を可能とする教育空間の創造への挑戦は継続されるはずである。

【謝辞】 本研究は科学研究費基盤研究（B）「学習者のウェルビーイングに資するノンフォーマル教育の国際比較研究」（課題番号：25301053、研究代表者：丸山英樹）の研究成果の一部である。

【注】
(1) 江原裕美「ブラジル初等教育改革における分権化と学校自律性の強化」『帝京大学外国語外国文学論集』第11巻、2005年、pp.57-92。
(2) *PNAD Contínua Educação 2017*, IBGE, 2017. 幼児教育（2016年までに4〜5歳を義務化）、中等教育（中等教育全国試験の実施等）、高等教育（各州の人種比を反映させたアファーマティブアクション、給付・貸与奨学金の設置等）など、初等教育以外の段階についても多様な教育開発政策が実施された。
(3) 教育の質の主要な論点である学力評価については本稿では詳解しないが、2007年より導入された基礎教育開発指数（Ideb）など評価システムの導入が進められており、PNEでも具体的数値が示されている（表1）。
(4) Brasil, *Plano Nacional de Educação 2014-2024: Lei nº 13.005, de 25 de junho de 2014*, Brasília: Câmara dos Deputados, Edições Câmara, 2014.
(5) 行政組織は大統領府官房庁、外務省、環境省、企画開発運営省、社会発展飢餓対策省といった連邦政府の官庁、州政府、自治体政府代表からなる。市民社会組織の内訳は、NPOが2294団体から4つ、民間企業は27連盟536企業から2つ、教育機関67団体から2つという形で代表を立て構成される。
(6) 2010年に設立したCBO、国際NGO、教育機関、労働組合による市民社会ネットワーク。142ヶ国1581団体が参加し、途上国NGO参加比が全体の約7割を占める。ブラジルからはABONGなど20団体、日本からは「動く→動かす（一般社団法人SDGs市民社会ネットワークの前組織）」など7団体が参加（http://www.together2030.org/）。
(7) Green Economy Forum「サステイナブルな経済・社会・環境の実現に向けて〜2030アジェンダ/持続可能な開発目標（SDGs）の実施を機に〜」http://geforum.net/archives/1248（2016年3月31日）2018年10月27日アクセス。SDG4達成のためのグローバルな市民社会連合体「教育のためのグローバル・キャンペーン」のメンバーには「教育の権利全国運動」が加盟している。日本からはSDGs市民社会ネットワークのメンバーでもある教育協力NGOネットワークが加盟。

(8) 「ポスト2015アジェンダのための市民社会ワーキンググループ（Grupo de Trabalho da Sociedade Civil sobre a Agenda Pós-2015）」「SDGs戦略（Estratégia ODS）」「ブラジルSDGsネットワーク（Rede ODS Brasil）」「SDGs全国運動（Movimento Nacional ODS）」など（Presidência da República, *Relatório Nacional Voluntário sobre os Objetivos de Desenvolvimento Sustentável*, Brasília: MPDG, 2017）。

(9) Dourado, Luiz Fernando（coord.）*A qualidade da educação: conceitos e definições*, Textos para Discussão, Brasília: IPEA, 2007.

(10) 英語でHolistic Educationと訳され、文化を重要視した人間の全体的な成長を可能とする全人教育に近い意味で使われている（Singer, Helena "Innovative Experiences in Holistic Education Inspiring a New Movement in Brazil", in Lees, H. E. and Nel Noddings（eds.）*The Palgrave International Handbook of Alternative Education*, London: Palgrave Macmillan, 2016, pp.211-226）。

(11) Anísio TeixeiraのEscola-Parque/Escola-Classe（1940-60）、Darcy RibeiroのCentros Integrados de Educação Pública（1980-1990）、パウロ・フレイレ研究所所長Moacir GadottiのEscola-Cidadãなど（Moll, Jaqueline（et al.）*Caminhos da educação integral no Brasil: direito a outros tempos e espaços educativos*, Porto Alegre: Penso, 2012）。

(12) 2018年の加盟都市は38ヶ国488都市。ブラジルでは15都市が加盟している（edcities.org/en）。

(13) Singer, op.cit., p.213.

(14) アプレンディスの呼びかけにより、市教育長全国会議（Undime）とユネスコの協力、32の民間組織・市民社会組織の情報提供や資金援助によりウェブサイト「包括的教育レファレンス・センター（Centro de Referências em Educação Integral）」が開設された（educacaointegral.org.br）。

(15) criatividade.mec.gov.br/（2018年10月29日アクセス）。学力達成度も評価項目の一部となっている。

(16) 本章の分析についてはLovato, Antonio Sagrado e Tathyana Gouvêa（orgs.）*Educação de alma brasileira*, São Paulo: Edição do autor, 2017; Singer, Helena（org.）*Territórios educativos: experiências em diálogo com o Bairro-Escola*, vol.1&vol.2, São Paulo: Editora Moderna, 2015;田村梨花「ブラジルにおける学校と地域の連携の考察―NGOの役割を中心に―」丸山英樹編『ノンフォーマル教育に関する国際比較研究』（科学研究費補助金基盤研究（B）（海外）研究成果報告書、上智大学グローバル教育センター、2016年、75-85ページ）、小池洋一・田村梨花編『抵抗と創造の森アマゾン―持続的な開発と民衆の運動』（現代企画室、2017年）ほかに基づく。

(17) ジェピアラ（Jepiara）とは先住民言語トゥピ・グアラニー語で「守ること」という意味を持つ。

(18) ボアール（Augusto Boal）の『被抑圧者の演劇』にあるフォーラムシアターの方法。演者と観客の生活に関連する社会問題などを演劇のテーマとし、観客も自らの考えを演じる主体として舞台を作り上げる参加型演劇。

(19) Singer（org.）, op.cit., vol.1, p.66.

─── 特集（公開シンポジウム）─── 比較教育学研究第58号〔2019年〕

比較教育学からSDG4を考える

カンボジアの開発における教育とSDGsの展開

野田　真里
（茨城大学）

はじめに

　カンボジアは長年の戦禍により、多くの貴重な人材を失い、教育分野においても甚大なダメージをおった。特に1975～1979年ポルポト政権時代には、全ての学校が閉鎖、教員が弾圧・殺害殺され、今日に至るまでその傷は深く残っている。他方、カンボジアは1992年のパリ和平協定以降、復興の道を歩み、現在では経済成長率は約7％と好調であり、その中で教育・人材育成のあり方も変化しつつある。カンボジアの人口構成を見た場合、若年層が厚く、教育への投資はカンボジア社会の持続可能な開発にとって不可欠である。カンボジアにおいても、2016年よりスタートした国連SDGs（持続可能な開発目標）への取り組みが、教育分野をはじめなされつつあるが、これを達成しその基本哲学である「誰一人取り残さない」（Leave No One Behind）持続可能な開発を実現していくことは容易ではない。

　本研究の目的は、カンボジアにおけるSDGs目標4「包摂的で公正な質の高い教育」の実現にむけて、直面する現状と課題について重層的に明らかにすることである。まず、カンボジアにおける教育と開発について、グローバル化や経済成長が進む中で、より「質の高い」教育が求められている点について分析する。次に、こうした経済成長の陰で、「取り残される」人々の問題に焦点を当て、「包摂的で公正な」教育が求められている点について検討する。また、近年、国連で注目されている「SDGsの現地展開」（Localizing SDGs）においては（United Nations Research Institute for Social Development 2017: p.1)、カンボジア社会の特徴や固有の要因にも十分配慮する必要がある。さらに、カンボジア

大会報告・特集(公開シンポジウム)

一国のみならず隣国や日本との関係も踏まえ、ASEAN とくに「タイ＋1」といわれるインドシナ地域における地政学的観点から分析する。

１．安定した経済成長と教育・人材開発の変化

では、カンボジアにおける経済や産業の発展とこれに対応する教育・人材開発の変化についてみてみよう。カンボジアの年率約7％の安定した経済成長を支える、大きなけん引役となっているのは労働集約型の製造業である縫製業である。その要因としては、カンボジアの国内政策と、カンボジアを取り巻くグローバルな経済環境の変化が挙げられよう。1992年のパリ和平協定、1993年の国連暫定統治機構（United Nations Transitional Authority in Cambodia: UNTAC）による総選挙と新政権発足を経て、1994年の投資法が改正され、自由で開放的な経済政策[1]がとられることになり、積極的な外資の導入が行われた。カンボジアにおいては若年労働者が多くかつ低賃金であった。また、1996年以降、アメリカやEU諸国から最恵国待遇（Most Favored Nation Treatment: MFN）を受けることとなり、輸出が増大した。さらに、2005年にはアメリカやEUの対中繊維輸入割当枠が撤廃されたことにより、中国資本が迂回生産・輸出の拠点としてのカンボジア対外投資を加速化させた[2]。

こうした状況をふまえて、カンボジア王国政府は、より「質の高い」教育と産業人材を求めており、以下の政策をすすめている。『2014-2018年　国家戦略開発計画』（National Strategic Development Plan 2014-2018: NSDP）において、「四辺形戦略・フェーズ3」（Rectangular Strategy Phase Ⅲ）のもと、1) 年率7％経済成長率の維持、2) 経済の競争力の向上と国内外の投資促、3) 若年層を中心とした雇用機会の創出、4) 貧困率の年率1％以上の削減、5) 人材育成、6) 環境・自然資源の持続的管理等の目標を設定している（Royal Government of Cambodia 2014: pp.2-5）。さらに、カンボジア王国政府は、『2015- 2025年　カンボジア産業経済計画』(Cambodia Industrial Development Policy 2015-2025: IDP) を策定、「産業開発のための市場中心の環境整備」を重視している。この中で、カンボジアは従来、低開発国（Less Developed Countries: LDCs）として「後発性の利益」（Advantage of Backwardness）を享受し、安価な賃金による労働集約型の産業を中心に経済成長をしてきた。だが早晩、「中所得国の罠」（Middle Income Trap）

に陥る危険性があり、これを回避するような産業政策が必要であるとされている（Royal Government of Cambodia 2015: pp.1-2）。つまり、「2025年までにカンボジア産業構造を労働集約型から技能集約型に転換し近代化をすすめる」(ibid: p.13) ことが重要で、これにむけた教育・人材開発が求められている。

こうしたカンボジアの開発潮流の中で、その実現のカギとなる人材の育成が、教育青年スポーツ省（Ministry of Education, Youth and Sport: MoEYS）によって進められており、『教育戦略計画2014-2018年』(Education Strategic Plan 2014-2018: ESP) がその柱となっている。「カンボジア政府は現在の下位中所得から2030年までに下位中所得国となり、2050年までに先進国となる野心的な意欲をもっている。急速な未来の経済成長と国の競争力を高めることがその実現ためのカギであるが、これはひとえにカンボジアの人々が、我々の文化的倫理的な伝統をふまえた、正しい知識と適切な技能を体得できるかにかかっている」(Ministry of Education, Youth and Sport 2014: p.2)。なかでも、幼児教育の拡大、質の高い初等・中等教育および中等教育後の教育、ノンフォーマル教育そして職業教育へのアクセスの向上を重点項目として挙げている (ibid)。

カンボジアにおける教育の質の向上においてとくに重要なのは、その担い手たる教員の質の向上である[3]。MoEYSの教育総局次長は、「カンボジアの発展に向けた産業転換と高度化の要となる人材育成と教育の質の向上において、その鍵となるのが教員の質の向上である。カンボジアでは日本の協力を得て、義務教育の教員養成課程を、現在の2年制の小学校教員養成校（Provincial Teacher Training Center：PTTC）及び中学校教員養成校（Regional Teacher Training Center：RTTC）から、4年制の教員養成大学（Teacher Education College: TEC）にする等、教員改革をすすめている」[4]と述べている（2017年3月24日、於：プノンペン特別市、筆者によるインタビュー）。

2．カンボジアでのSDGsの現地展開と教育の課題

以上のように、カンボジアは堅調な経済成長をベースに、より高い発展段階を目指して開発政策をすすめており、これに資する人材の育成と教育の質の向上が教育分野においても取り組まれてきている。だが、SDGsの観点とくにその基本哲学である「誰一人取り残さない」というSDGsの基本哲学から見た場

合、カンボジアの教育と開発の新たな課題と挑戦が浮かび上がってくる。

第1に、カンボジアでのSDGsの現地展開におけるSDGsと国内政策の関係である。国連開発計画（United Nations Development Programme: UNDP）は、グローバル目標であるSDGsと、カンボジアが実施しているNSDPおよびESP、IDP等の主要政策を統合するためのアセスメントにより、SDGsとカンボジアの24の政策分野の整合性について論点整理を行っている（UNDP 2016）。この中で教育分野においては、SDGsのターゲット4.7がカンボジアの国内政策において対応されていない点が指摘されている。ターゲット4.7とは、ESD（持続可能な開発のための教育）や、「持続可能なライフスタイル、人権、男女の平等、平和及び非暴力的文化の推進、グローバル・シチズンシップ、文化多様性と文化の持続可能な開発への貢献の理解の教育」にかかるものである（United Nations 2015: p.17）。カンボジアが長年戦禍にさいなまれてきた歴史等にかんがみた場合、このターゲット4.7を実現していくことは、カンボジアの持続可能な開発にとって極めて重要であると思われる。

第2に、カンボジアのSDGsの現地展開における、カンボジア社会に固有あるいは特徴的な文脈への対応である。カンボジアにおいては、計画省（Ministry of Planning）が中心となって、カンボジアSDGs（Cambodia SDGs: CSDGs）を策定しており、教育分野においてもSDGs for Education 2030 Road Mapが議論されている。この点、カンボジアに特徴的な教育システムについても十分に理解し、うまくSDGsの現地展開に生かしていく必要がある。

SDGs目標4の教育にかかるターゲット4.1は「無償かつ公正で質の高い初等教育及び中等教育の修了」、ターゲット4.2は「質の高い乳幼児の発達・ケア及び就学前教育へのアクセス」である。カンボジア社会では、これらの実現において地域社会や市民社会の役割（野田2017）、とりわけコミュニティの中心である仏教寺院や信仰基盤組織（Faith Based Organizations: FBOs）の果たす機能が極めて大きい点は注目すべきであろう（野田2018）。また、カンボジアに特徴的な教育システムとして、教育青年スポーツ省管轄の一般教育と宗教省管轄の仏教教育のシステムが並行しており、かつ、相互に乗り入れが可能となっている。つまり、カンボジアの教育と開発においては、注目が集まりがちな一般教育や教育青年スポーツ省の政策だけでなく、草の根の実態に根差した、地域

社会や市民社会の参加、そして仏教教育や宗教省の政策にも注目し、SDGsの現地展開において統合していく必要がある（野田 2013）。

3．国境を越える「取り残される」人々の教育、開発とSDGs

　上述の通り、SDGsの基本哲学は「誰一人取り残さない」であり、教育分野においては、「包摂的で公正な」教育の推進に留意する必要がある。これにかかり、カンボジアにおいては、グローバル化や東南アジア諸国連合（Association of Southeast Asia Nations: ASEAN）の地域統合が進展する中で、また日本との関係において「取り残される人々」に注目する必要がある。

　カンボジアは大陸部東南アジア・メコン地域の両大国であるタイとベトナムに挟まれた、地政学的に非常に重要な場所に位置する。日本との関係においては、近年、「タイ＋1」の観点から、経済におけるカンボジアの役割が注目されており、日本企業の進出、投資や日本との貿易も拡大傾向にある。日本がコミットする大メコン圏（Greater Makhong Subregion: GMS）構想においても、カンボジアにはベトナム・ホーチミン〜カンボジア・プノンペン〜タイ・バンコクに連なる「南部経済回廊」（Southern Economic Corridor）が走っており、昨今の中国による「一帯一路」構想にかんがみ、その戦略的重要性はさらに増している。さらにASEAN経済共同体（ASEAN Economic Community: AEC）のスタートにより、域内とくに大陸部で地続きのメコン地域においては、物流や人の移動が勢いを増している。

　こうした観点を踏まえた場合、カンボジアにおけるSDGsの現地展開については特に教育分野において、次のような課題に直面しており、対応が必要となる。第1に、カンボジアの開発政策や産業政策、そして日本の「タイ＋1」の観点から見た場合、確かに産業人材の育成は重要である。これをふまえて、カンボジア政府は、STEM教育[5]や職業訓練教育にも力を入れつつある。しかしながらその基盤になるのは、義務教育や基礎教育であり、包摂的で公正な質の高い教育が求められている。カンボジアにおいては、CMDGs（Cambodia Millennium Development Goals）への取り組みによって、初等教育へのアクセスは98.4％と大幅に改善した（Ministry of Planning 2011）。しかしながら、依然として初等教育の修了率および中等教育への進学率には課題がある（Ministry of Education, Youth and Spor 2017)。

　第2に、可視化しにくい「取り残される」人々の教育と開発の問題がある。一つには、グローバル化の進展と地域統合により、カンボジアからの出稼ぎや移民労働者が急増、特にタイが多く、農業や建設業に従事している（Bylander 2016）。この中には、見えにくい現実として、子どもの人身取引や児童労働も含まれいる[6]。この問題は日本とも複雑に関係している。

　筆者自身のフィールド調査によれば、以下の通り、SDGsをめぐるカンボジアの開発と教育の問題と日本の問題は連鎖していると考えられる[7]。日本においては、地域社会における少子高齢化等に伴い、労働力が不足しており、外国人労働者の役割が重要となっている。筆者の地元である茨城県は日本第2位の農業生産地（東京・大田市場のシェアは1位）であるが、もはや茨城の農業は外国人労働者なしには成り立たない。現在、茨城県ではベトナム人の外国人技能実習生が増えているが、他方、ベトナムにおいても急速な経済成長と「二人っ子政策」により、農業分野においては労働力不足が生じている。これにより、ベトナムに国境を接するカンボジア・スバイリエン州では、ベトナムの農場への出稼ぎや移民労働がふえており、児童労働や人身取引の問題も生じている。スバイリエン州からベトナムに出稼ぎにいく子どもは学校の時期と収穫の時期が重なっているので、学校に行くことが困難となる。また、地元で子どもの人権問題にとりくむNGOによれば、中には障がいをもつ子どもが、「半ば人さらい的」にベトナム南部の都市、ホーチミン市につれていかれて、「物乞い」をさせられているケースも生じている（2017年9月25日、於：スヴァイリエン州、筆者によるインタビュー）。

　いまやSDGsをめぐる課題、こうした「取り残される」人々の教育と開発の問題は、国境をこえて連鎖している。カンボジア一国の問題としてではなく、東南アジアの近隣諸国そして日本との関係において分析し、対応するべき問題となっている。

おわりに

　以上、分析してきたように、カンボジアにおいては、安定した経済成長と今後の産業構造の高度化にともない、産業人材の育成が求められており、SDGs

目標4にかかり、「包摂的で公正な質の高い教育」が求められている。だが、その基盤となるいまだ基礎教育、義務教育は十分とはいえず、とくに教員の質の向上が課題となっている。また、グローバル化や地域統合の進展にともなう、出稼ぎ、移民労働者、人身取引等の目に見えない「取り残される」人々の問題も深刻である。こうした問題は、日本とも密接に関連しており、「タイ＋1」や地域社会における少子高齢化と外国人労働者の課題とも関連している。

最後に、筆者はSDGsの基本的な理念を次の3つの架け橋と考えている。第1に、経済・社会・環境の三つの持続可能性の架け橋、第2に、人類共通のグローバル開発目標としての、途上国と先進国の架け橋、そして第3に、現在世代と将来世代の世代間の架け橋である。これらいずれにおいても、教育は重要となる。とくにカンボジアにおいては、社会や開発の担い手たる多くの貴重な人材が失われ、その復興はまだ道半ばである。他方、人口構成を見た場合、次世代を担う若年層が厚いことは、未来への希望ともいえる。カンボジアの、そしてメコン地域や日本の持続可能な開発を考えた場合、将来の社会や開発の担い手育成のために、包摂的で公正な質の高い教育を実現していくことは極めて重要であろう。

【注】
(1) カンボジアはポルポト政権(1975～1979年)およびこれを打倒したヘン・サムリン政権(1979～1993年)はその後ろ盾となる国(前者は中国、後者はベトナム)の影響のもと、共産主義・社会主義型の計画経済を導入していた。
(2) カンボジアにおいては元来、中華系資本の役割は大きいが、近年その勢いは増している。縫製業はもとより、観光業、建設業等へも積極的な直接投資を行っており、また従来日本がトップドナーであった開発援助においても日本を凌駕し、全体としてプレゼンスを増している。教育分野については西野(2009：pp.175-219)の華人学校の研究等を参照されたい。
(3) Tandon, P. and Fukao, T. (2015)によれば、小学校教員採用者の約8割、中学校約70割が「成績下位グループでの合格であり、教員の質は大きな課題といえる。
(4) 日本の政府開発援助(Official Development Assistance: ODA)によって、2017年より2022年まで、「質の高い小中学校教員の輩出」を目標に、首都プノンペンおよびカンボジア西部の都市バッタンバンにおいて、「教員養成大学設立のための基盤構築プロジェクト」The Project for Establishing Foundation for Teacher Education College (E-TEC)が展開される。
(5) STEM教育とは、Science、Technology、Engineering、Mathematics、つまり科学、技術、工学、数学の教育分野の総称。
(6) 歴史的経緯から、カンボジア国内とくに東南アジア最大の湖であるトンレサップ湖には、

大会報告・特集（公開シンポジウム）

ベトナム人やチャム人等のマイノリティが水上生活をおくっており、「取り残される」人々となっている。
(7) 周知のとおり、SDGsは日本を含む国際社会が全体としてとりくむ開発目標である。これにかかり筆者はSDGsについて、グローバル化がすすむ中で日本と途上国や他の国々との関係において、また「課題先進国」たる日本社会それ自身の抱える問題として研究している。詳細は別稿にゆずりたい。

【参考文献】

Bylander, M.（2016）*Cambodian Migration to Thailand,* KNOMAD.
International Monetary Fund（2017）*World Economic Outlook Database.*
Khmer Times（2017）*SDGs Localisation in Cambodia*（July 17）.
Ministry of Education, Youth and Sport, Royal Government of Cambodia（2011）*Education Strategic Plan 2014-2018.*
Ministry of Education, Youth and Sport, Royal Government of Cambodia（2017）*Global Initiative on Out-of-School Children: Cambodia Country Study.*
Ministry of Planning, Royal Government of Cambodia（2011）*Achieving Cambodia's Millennium Development Goals.*
Royal Government of Cambodia（2014）*National Strategic Development Plan 2014-2018.*
Royal Government of Cambodia（2016）*Cambodia Industrial Development Policy 2105-2025.*
Tandon, P. and Fukao, T.（2015）*Educating the Next Generation Improving Teacher Quality in Cambodia,* World Bank.
United Nations（2015）*Transforming Our World: 2030 Agenda for Sustainable Development, A/RES/70/1.*
United Nations Development Programme（2016）*Rapid Integrated Assessment-Cambodia SDGs Profile.*
United Nations Research Institute for Social Development（2017）*Localizing the SDGs and Solidarity Economy.*
外務省ODA評価有識者会議(2005)『平成16年度　外務省外務省ODA評価　カンボジア国別評価(第三者評価)報告書』外務省。
西野節男編(2009)『現代カンボジア教育の諸相』東洋大学アジア文化研究所アジア地域研究センター。
野田真里(2013)「第7章　カンボジア地域社会の持続可能な発展と仏教寺院ネットワーク―社会関係資本、住民組織と基礎教育」厳網林・田島英一編『アジアの持続可能な発展に向けて－環境・経済・社会の視点から』、慶応義塾大学出版会、139-159頁。
野田真里(2017)「持続可能な開発・SDGsに向けた人間中心の開発とNGO/市民社会」『アジア太平洋討究』(早稲田大学アジア太平洋研究センター)　第28号、197-210頁。
野田真里(2018)「貧困撲滅の『最初のフロンティア』としてのコミュニティと社会関係資本、信仰基盤組織(FBOs)－SDGsと人間の安全保障の実現にむけての新たな開発パートナー」『アジア太平洋討究』(早稲田大学アジア太平洋研究センター)　第33号、77-90頁。
早稲田大学(2018)『平成29年度　外務省外務省ODA評価　カンボジア国別評価(第三者評価)報告書』外務省。

―― 特集(公開シンポジウム) ――――――― 比較教育学研究第58号〔2019年〕――

比較教育学からSDG4を考える

日本の高大連携プログラム「スーパーグローカル」の事例から

山下　雅文
（広島大学附属福山高等学校）

中矢　礼美
（広島大学）

はじめに

　本特集「比較教育学からSDG4を考える」という課題について、本稿では、日本において取り組まれている学校教育活動の事例が、SDGs達成に向けた取り組みとしていかなる有用性を有しているかを検討したい。周知の通り、SDG4は「すべての人々に包摂的かつ公平で質の高い教育を提供し、生涯学習の機会を促進する」という目標である。日本においては初等教育の就学率や高等教育への進学率は高いものの、教育格差問題は拡大しており、その解消に向けた経済的支援を中心とした取り組みが実施されているところである。同時に、SDGsを達成するための教育の質の向上として持続可能な開発のための教育（以下、ESD）が実施されてきている。

　ユネスコはSDGsの達成に向けてESDの推進が直接・間接的に大きな役割を果たすものと期待しており[1]、これまで我が国を含め先進諸国において実績が蓄積されてきている[2]。その中にあって、この活動を紹介する理由は、日本人生徒と留学生が、それぞれの研究についての議論を通して持続可能な開発課題と解決策をめぐるグローバルとローカルの関係性を理解し、共に解決策を見出していくための能力を身につけていくという新しい試みであること、そしてその能力の向上が一定程度立証されていることにある。

　本稿で取り上げる事例は、筆者らが2016年4月から取り組んでいる広島大学と広島大学附属福山高等学校の連携活動であり、福山高等学校が文部科学省スーパーグローバルハイスクール（SGH）の指定に伴い実施する特別活動

「スーパーグローカル」プログラムとして高校2年生の希望者を対象に実施しているプログラム（校内ではIDEC連携プログラムと呼ぶ）である。

本プログラムの目的は、留学生と日本人高校生が、各国における教育・平和・環境についての議論を通して、各々の国および地域における課題、原因、課題解決方法の相違、複雑さ、困難さに気づくと共に、課題解決の可能性を共に探り続けることの大切さを学び、国内外で活躍できる価値観・行動様式を身につけることにある。特に、高校生にとっては、少子高齢化社会、過疎化の加速、グローバルな相互依存関係の強まり、AI時代到来を目前にした日本の持続可能な開発に向けて、グローカルな視点をもって自主的に目標を設定し、論理的な思考力、合意形成能力および自己実現できる力の育成が目指されている。留学生にとっては、自国内の人々とのパートナーシップおよびグローバルパートナーシップによって自国と世界のSDGsに貢献する力を育成することが目指されている。

1．「スーパーグローカルプログラム」の特徴

(1) 高等学校および大学におけるプログラムの位置づけ

広島大学附属福山高等学校（以降、本高校とする）は、平成27〜31年度のSGHの指定を受けており、特別活動「スーパーグローカルプログラム」をその特徴的な教育活動として推進している。本稿で紹介する活動（IDEC連携プログラム）は、多様なプログラムの中の一つとして実施されているもので、2017年度は高校2年生の希望者23名が参加した。本高校ではその他、新教科「現代への視座」の創設に加えて、総合的な学習の時間を利用した「課題研究」や「地域フィールドワーク」などのプログラムを全校生徒対象に実施している。また、高校1年生と2年生で代表者10名ずつが「海外フィールドワーク」を行い、その成果を共有する活動を行っている。

広島大学大学院国際協力研究科（以降、本研究科とする）では、国費外国人留学生（優先配置）向けの特別プログラムとして実施しており、2017年度の参加者は多様な国からの多様な専門分野を背景とする国費留学生（修士・博士）20名である。本研究科は、開発科学専攻の中に開発政策、開発技術、平

和共生コース、教育文化専攻の中に教育開発コースと文化コースがあり、そこに在籍する学生の8割が留学生（多くが途上国から）という状況である。そして、開発途上国が抱える様々な問題に対して、環境・教育・平和をキーワードとした学際的な研究アプローチによって、創造的・協同的に取り組むことができるグローバルリーダーの育成を使命として教育に取り組んでいる。

(2) プログラムの目標と活動内容

高校生に対するプログラムの教育目標は、(1) 書籍に書かれたことだけを理解するのではなく、留学生の生の声、そして研究者としての声を聴き、英語で議論を行うことができる、英語でのコミュニケーション能力の向上を図る、(2) さらに開発途上国の現状と課題について自分たちなりに情報を集め、その問題の原因と原因間の関連性を考え、課題解決に可能な方策を提案できるようになる、(3) 課題解決提案について留学生との議論を通して、地球市民としての課題意識の共有と課題解決志向の醸成、課題解決に向けた合意形成能力を向上させるである。

また大学院留学生にとっての教育目標は、専門外の人々にそれぞれの研究課題や意義を説明する能力とバックグラウンドの違う人々と対話を通して合意形成を行う能力を向上させることである。留学生らは、本研究科に所属している開発途上国からの学生であり、将来は自国において持続可能な開発を行うリーダーとなることが期待されている。しかし、大学院における研究活動の成果は学会での発表や学術誌への投稿という形式でのみ伝達するため、研究者としての伝達スキルは向上させることができても、帰国後に社会のあらゆる人々と議論しながら最先端の技術や研究成果を生かすためのコミュニケーションを行うスキルは身につかない。そのため、社会的文化的背景も異なり、専門分野の知識を持たない高校生に対して、シンプルで分かりやすい言葉で現状の課題を説明し、その課題克服のために必要な研究の意義、その方法と道筋、仮説について説得力をもって説明したり議論したりする力を身につけさせることを目標としている。

(3) プログラムの流れ

プログラムは、以下の4つのステップで6月から1月までの間に7回実施した。①大学での留学生研究課題発表練習（2回）、②高校にて、留学生による発表および議論（2回）、③高校にて、高校生による研究発表および留学生との問題解決に向けた議論（2回）、④大学にて、本校の生徒による最終発表および議論（1回）。

①大学での留学生研究課題発表練習

留学生はパワーポイントで自分の研究テーマについての説明資料を作成してくるが、概ね次のような問題があり、修正を求めた。まず、専門用語についての解説がない。普段は大学院において同じ専門分野の人としか話していないため、何が専門用語で、一般的には通用しない用語であるかについて、考えが及ばない状況になっているためである。そのため、できるだけシンプルでわかりやすい表現で説明し、なるべく専門用語を用いないようにするように修正を求めた。次に、研究テーマの必要性、重要性について真摯に訴えかけるような導入となっていないことが多い。これは、学生たちは国際学会誌への投稿を見据えた研究に取り組んでいるため、「研究者向けの研究」「学術的な意義」に重点を置いた説明に親しんでおり、広く人々に重要性を理解してもらうような方法が良く分からないためである。そのため、国の状況、課題とその深刻さ、および研究対象と研究によって明らかにした成果がどれだけ課題克服に役立つのかを説得できるように写真、地図、図表を駆使して説明できるようにアドバイスを行った。

②留学生による発表および議論

留学生は、環境グループ、平和・教育グループに分かれて別の日に高校を訪問し、発表を行った。平和・教育グループは7名が次のような発表を行った。Challenges Faced by Teachers towards Implementing Inclusive Education in Classroom: Public Schools in Bangladesh（バングラディッシュ）、Role of Civil Society Bodies (CSB) in Policy Formation and Implementation: Maternity Leave Policy (MLP) for Ready-made Garment (RMG) Workers in Bangladesh（バングラディッシュ）、

Assessment of Basic Science Process Skills at Primary School Level（ザンビア）、ICT Integration in Malawi 's Secondary Teacher Education: A Study of Selected Policies from 1994 to 2016（マラウィ）など。環境のグループも7名が次のようなテーマで発表を行った。The Impact of the Joint Agriculture Program on Food Security and Nutrition; A Project Implemented by the Government of Liberia between 2009-2014 in Bong County（リベリア）、Rural Household Demand for Health Risk Reductions in Lao PDR: Randomized Stated Choice Scenarios（ラオス）、Research on Public Support for Air Pollution Control Policies in Beijing（中国）、An Integrated Approach to Assess Rice Crop Damage by Flood in Bangladesh using Satellite Remote Sensing and GIS（バングラディッシュ）など。

　これらの発表は、パワーポイントを用いて英語で行われ、以下の流れで活動を行った。まず、高校生は何が問題点とされているのかを聞き取り、研究課題についての質疑応答を行った。

　次に各グループに分かれ、発想力・つなげる力・合意形成力の育成のためのウェブマッピングを行った。具体的には、まず高校生たちは個々人で留学生の発表をふまえて自由に問題とその原因と考えられるアイデアを、一つにつき一枚の付箋紙に書きこむ。次いでそれらを一枚一枚説明しながら大きな模造紙に貼り付け、他の生徒のアイデアと似ているものは重ねて貼る。考えを書く時点では、キーワードとしてどのような文言を選択するとわかり易いのか、それをどのように書くのか（否定形で書かない）について留学生や大学教員らの指導助言を適宜受ける。高校生が書き出した問題の原因の中には留学生が考えたこともない原因が指摘されることもあって、マップ上でうまく関連付けられていないこともあり、取り残されている。そのような時には教員らが適宜、本当に関連性が無いかより広く、深く考える方法を提案する。原因を更に追究し、「原因の原因」を考えたり、原因間の関係性を見えるような形にしていくというディスカッションを通して、合意形成を図りながら、一つの原因群としてグルーピングしたり、新たな原因群や関係性の明確化を進めていった。最後に、議論したことをグループごとに発表し、議論を振り返り、今後の研究の方向性を確認した。

③高校生による研究発表および議論

　その後、高校生たちは約2ヶ月間かけて留学生の研究課題からテーマを発展させて自分たちの課題設定を行い、調べたこと、解決策として考えたことをパワーポイントにまとめ、環境グループ、平和・教育グループに分かれて別の日に留学生に対して発表を行った。発表内容の例は、以下の通りである。

　グループ1：Food Loss
　　食品破棄が増える一方で飢餓に苦しんでいる人がいること、その解決策としてのNo-Food Loss Projectの紹介を行った。
　グループ2：Review Laos' Insurance
　　留学生が発表したラオスの保険制度についてレビューし、日本の保険制度と照らし合わせながら、解決すべき課題分析を踏まえて、日本の国民健康保険制度を活用できないかと保険制度の提案を行った。
　グループ3：Agriculture of Liberia
　　リベリアの農業問題について、生産や納品までの流れについての分析を行い、日本のJAのような組合による支援が必要であることを提案した。
　グループ4：Conflict in Reduction of Carbon Dioxide Emission
　　温室効果ガス削減と発展途上国の経済成長の関係を問題とし、優先すべきことについて考察を行った。
　これらの発表に対して留学生らはそれぞれの専門的な立場からアドバイスやコメント、質問を行い、質疑応答を行った。

④高校生たちの最終発表と議論

　1回目の発表についての留学生からのアドバイスを受けて、再度問題を調べ直したり、解決策の案を考え直したりして最終発表を大学に来て生徒の全グループが発表を行った。

　留学生らは、自分の研究テーマについて調査・提案したグループに入ってさらに議論を行った。議論の内容は、最終発表についてさらに考えるべきことであったり、今後の研究の方向性であったり、それぞれが各国・各人で取り組むべきことの方向性を探るものとした。

2．プログラムの成果

以上の活動の過程を通して、以下のような学びの成果が見られた。

(1)　他国の課題から身の回りの課題への気づきと解決に向けた意識の芽生え

留学生とのやり取りを通して見えたものの1つとして、他国の課題から、自国の課題について意識的に考えることができるようになっていることが挙げられる。なお、下記はすべて英語で行われた会話であり、翻訳したものである。

留：私は特別支援教育を研究しています。バングラディッシュでは、障害を持っている人は9％、アメリカでも20％しか学校に行けてないんです。
生：どうしてアメリカでもそんなに低いのですか？
留：ニューヨーク（だけが）アメリカじゃない。他の場所では。不便なところが沢山あるから。
　　みんなの周りで目が見えない人はいるかな？
生：(多くの生徒は、思い当たらないが）あー、いるいる。でももう大人ー。
留：前はどんな学校に行ってたのかな？　特別な学校？（生：たぶん・・）どうして、そういう人はここの学校にはいないの？
生：うーん、たぶんその人のためは特別な教科書が必要だから・・。
留：そうだね。そういうこと。それなら、その特別な教科書を用意すればいいんだよね。そうすれば目が見えない人もみなと同じように学校に来れるよね。
生：自由に動けない。
留：そうだね。問題は色々、沢山あるよね。でも、それぞれに解決方法があって、それは不可能なものではない。沢山の問題があるからって諦めるのではなくて、一つ一つ問題を挙げていって、一つ一つ解決策の案を考えて、カテゴリーを作っていって取り組んでいけば大きな問題を一つ一つ乗り越えていくことができるんだ。それが問題を解決していくための研究ということ。

以上の会話は、留学生による発表の後のグループでの議論の際の会話であり、その後に生徒が書いた感想文には、「日本に住んでいても日本の問題について深く考え、解決策まで提案することはあまりないので、自国の問題に取り組むことも必要だと思いました。」と書かれてあった。

(2) 「当たり前」の考えを捨てる大切さへの気づき

話し合いの中で、生徒たちは普段から思っている常識が実はそうではないところもあること、多様な状況を想定して多面的に考えることの大切さを気づくことができた。

生：マラウィでの「トレーニングを受けていない教師」というのはどういう意味ですか？
留：私たちの政府は教員免許というものを要求していないんですよ。そうすると教師の数も足りなくなるから。音楽とか科学とか何かの専門の勉強を終えたら教師として採用するんですよ。
生：でも、音楽ができて、音楽の知識があっても、教え方は分からないですよね？
留：そう。マラウィでは半分の教員しか免許を持っていないんですよ。だからトレーニングを受けていない教師が多い。(中略)
僕からも質問があるんだけど、日本では十分に先生がいる？（生：うなづく）そう？　十分？　なんでそう思う？
生：日本では教員免許を持っていても教職につけない人が多いと聞いたから、十分だと思う。
留：へえ、なるほど。それは十分だ、というのにいい証拠だ。マラウィでは足りてない。80人くらいを一人で教えるんです。
生：えー。
留：日本では、一クラス何人？　へえ、40人？　僕も教師だったけど、250人を教えていたよ。
生：わあ、多い。

この会話も留学生の発表後のグループディスカッションでのひとこまである。その後の生徒の感想文には、次のように書かれてあった。「先生不足であることが質問を通して分かったが、プレゼンを聞くだけだと私の頭には教員なるものの免許を持っていて当然という考えがあったために、not trainedの先生は、教師不足のために駆り出された近所のボランティアだと勝手に思っていて、話や問題提起が全くわかりませんでした。当たり前という考えを捨てる大切さと大変さを知りました」

(3) 文脈（条件）の違いについての気づきと課題解決に向けた前向きな姿勢
①アフリカの農業改善にJAは適用できない

高校生は発表後の留学生との議論において、他の国の問題解決策として、日本の制度が簡単に開発途上国に安易に持ち込むことはできないことが分かった。

中間発表では、日本のJAシステムがいかに優れていて、アフリカの農業改善のために役立つかを説明した。しかし、その後の質疑応答で、日本のシステムを導入するには多くの困難な課題があることが指摘された。そもそもインフラが整っていないアフリカで専門職員が訪問・助言などできない、専門職員そのものが不足している、最初の出資金の工面がつかないなどの問題である。そのため、最終発表では、なぜ日本のシステムが導入できないのかを一つ一つ説明した。その学びを踏まえて、新たな提案を行った。それは農業生産物の輸送経路の分析の結果、海の経路を開発することが有効であるというものである。しかし、それも予算不足で困難であることが指摘され、高校生たちは自分達の考えがまだその国の状況をしっかり考慮できていないことが分かった。しかし、そこで諦めることなく、さらに他の方法がないか探りたいというポジティブな態度を示したことが成果として挙げられる。

②ラオスには日本型国民健康保険は導入できない

高校生グループは、ラオスにおいて保険制度がうまく機能しないという問題について調査を続けて、日本の国民健康保険の制度を適用したらという考えを発表していたが、留学生から可能性が低いという指摘を受け、適切ではないことに気づいた。

最初の発表の時は、日本の国民保険制度がラオスでの課題解決策として発表されたが、その後の留学生との議論を受けて、最終発表では日本の保険の制度にも課題があること、成功事例をそのまま持ち込むことは適切ではなく、経済状況、文化、そのほかの背景を考慮する必要があることを発表することができた。最初の発表で留学生から指摘されても諦めず、前向きに取り組む姿を見せていた。

(4) 今後にむけて伸ばすべき力の確信と意欲

以下は、高校生たちのプログラム終了後の感想文の中の一部である。なぜ英語を勉強する必要があるのか、そのほかにどのような力をつけるべきかを自ら考え、確信し、それに向けての強い意欲が示されている。

「英語を学ぶ本当の目的は自分の考えを正しく伝え、相手を理解できるようになることであると感じた。世界中には私たちの知らない問題が沢山あることも学んだ。このような問題を解決することは生徒の立場では難しいがそれでも自身の見解をもつことは大切だと思った」

「意見を述べるときに、批判的思考力が必要だということも学んだ。自分が今まで学んだ知識をフル活用して、自分の意見がきちんとした証拠に基づいたものであるか、論理的一貫性をもっているか、答え方が偏っていないかと思考し改善すると、よい意見になる」

「自分の意見をはっきりと伝え、また自分の意見に対しても他人の意見に対しても批判的思考力を持って考えるべきだと学んだ。そして、自分の意見をより深めるためには多角的な視点が大切であり、それを養うためには多くの分野に対する知識とその知識を活用する力が必要だと知った。これからこうした力をより深めていくためにはいろいろな情報をキャッチして知識を深めたり、いつもとは別の視点で考えたりしてみたい。」

3．グローバルコンピテンシーの向上

本高校では、SGHの開始に伴い**表1**のようなグローバルコンピテンシー[3]を設定し、年2回（1学期＝7月末、2学期＝12月初旬または1月初旬）全生徒対

表1 （i）グローバルコンピテンシー評価項目一覧表

●個性と文化の尊重
1 自分と他者の違いや共通点（大切なものや人・こと、長所・短所など）を考えている。
2 自分とは違う意見や態度や行動をする人に対して、その違いの背景を考えて、理解している。
3 自分が偏った見方や考え方をしていないか意識的に振り返るようにしている。
4 差別や偏見などを排除して固定観念にとらわれず異なる見識や文化を理解しようとしている。
5 グローバルな問題を多角的な視点で考えている。

●自己理解・自己管理
1 自分のやるべきことやあるべき姿、何ができるのかについて考えている。
2 自分に対する批判に対して反省的に分析し、前向きに感情や行動をコントロールしている。
3 失敗から学ぶ姿勢を常に持ち、そこから得られた教訓を活用している。
4 自分の目標を達成するために、自分の行動について考え、まわりの環境を整えることを常日頃からしている。
5 困難な状況においても、自分を信じて感情と行動をコントロールし、あきらめることなく成長している。

●異文化コミュニケーション（国際的対話力・外国語運用力）
1 人の話を聞く態度を、「うなずく」、「あいづち」、「メモを取る」などの行動でしっかり示している。
2 相手の意図をしっかり理解し、発見・共感・疑問を相手に伝えることができる。
3 自分とは異なる見解から新しく自分の意見を確立し、その内容を英語で伝達することができる。
4 新しい見解を英語で的確に伝達することができる。
5 異なる意見にはしっかり耳を傾け理解し、新たな見解を構築したうえで相手が共感できるように英語で表現することができる。

●連携とネットワーク（協調性）
1 自分の意見を主張しつつも、より良い人間関係を保とうとしている。
2 集団の中で知識や情報をしっかり共有している。
3 集団の中だけでなく集団の外についても協力や支援をしたりされたりする体勢を作っている。
4 集団の中で同じ目標に向かって共に活動したり、互いに協力し合ったりする。
5 集団の中で協調性を持って、知識・情報の共有が行われ、ともに活動したり互いに協力しあっている。

●成果志向（主体性・チャレンジ精神・責任感）
1 問題解決の場面で、解決目標にむけて計画を立案している。
2 計画に沿って主体的に活動している。
3 困難な状況が生じた場合でも、積極的に自分たちで問題を解決している。
4 自分たちの活動を常に振り返り、必要であれば計画を見直し、失敗を恐れることなく積極的に活動している。
5 失敗を恐れず、主体的に責任感を持って計画を立案・実施し、必要であれば工夫を重ねたり計画を見直すことで、よりよい成果をあげている。

象に自己評価調査を実施している。

　2017年度プログラム参加者（以降、実験群；27名）と、同学年の他の生徒（以降、対象群；166名）の自己評価結果を比較した結果を**表2**に示す。

　このプログラムを受講する前である高校2年1学期調査では実験群と対照群

表2 2017年度IDEC連携プログラム参加者のグローバルコンピテンシー自己評価
実験群＝受講者，対照群＝未受講者（同学年）

		個性と文化の尊重					自己理解・自己管理				
		1	2	3	4	5	1	2	3	4	5
2017 1学期	実験群	1.52	1.72	1.60	1.52	1.96	1.60	1.96	1.84	2.32	2.00
	対照群	1.49	1.64	1.64	1.59	2.01	1.66	1.74	1.74	1.97	1.87
	t値	-0.807	-0.523	0.767	0.593	0.719	0.669	-0.135	-0.509	-0.025	-0.378
2017 2学期	実験群	1.35	1.62	1.81	1.62	1.96	1.62	1.77	1.88	1.92	1.62
	対照群	1.52	1.59	1.64	1.64	2.10	1.68	1.81	1.77	2.01	1.95
	t値	0.139	-0.816	-0.204	0.825	0.336	0.642	0.788	-0.383	0.565	0.019
2018 1学期	実験群	1.43	1.61	1.50	1.50	2.00	1.64	1.75	1.64	1.89	1.68
	対照群	1.51	1.62	1.59	1.63	2.02	1.69	1.84	1.81	2.03	2.00
	t値	0.634	0.910	0.618	0.403	0.892	0.895	0.682	0.353	0.491	0.048

		異文化コミュニケーション					連携とネットワーク				
		1	2	3	4	5	1	2	3	4	5
2017 1学期	実験群	1.36	1.72	2.24	2.40	2.28	1.24	1.64	1.88	1.46	1.64
	対照群	1.54	1.62	2.35	2.39	2.39	1.47	1.69	1.85	1.58	1.68
	t値	0.172	-0.435	0.463	-0.937	0.440	0.074	0.747	-0.836	0.375	0.768
2017 2学期	実験群	1.38	1.58	2.08	2.15	2.27	1.54	1.85	1.88	1.58	1.65
	対照群	1.67	1.82	2.30	2.40	2.35	1.55	1.65	1.80	1.64	1.64
	t値	0.050	0.063	0.122	0.092	0.595	0.945	-0.151	-0.582	0.625	-0.942
2018 1学期	実験群	1.54	1.64	2.11	2.21	2.14	1.46	1.61	1.75	1.54	1.54
	対照群	1.73	1.86	2.27	2.40	2.42	1.58	1.70	1.91	1.67	1.72
	t値	0.137	0.090	0.275	0.195	0.047	0.475	0.618	0.223	0.245	0.127

		成果思考				
		1	2	3	4	5
2017 1学期	実験群	1.56	1.92	1.80	1.64	1.80
	対照群	1.73	1.84	1.70	1.89	1.97
	t値	0.220	-0.582	-0.517	0.091	0.295
2017 2学期	実験群	1.54	1.81	1.77	1.73	1.73
	対照群	1.78	1.96	1.78	1.89	1.96
	t値	0.089	0.255	0.918	0.277	0.104
2018 1学期	実験群	1.71	1.89	1.64	1.68	1.71
	対照群	1.82	1.95	1.85	1.90	1.98
	t値	0.577	0.649	0.094	0.177	0.113

評定尺度
1：自分が達成できていると思う
2：ほぼ達成できていると思う
3：できていないと思う
※数値が低いほど高評価となる。

t値はF検定で等分散かを判断して分析．なお，符号は（実験群）の評価が低い場合を－とした．

の平均値では、有意水準5％のt検定（両側検定）では有意差がほとんどの項目でみられていなかったが、【自己理解・自己管理】の設問「4．自分の目標を達成するために、自分の行動について考え、まわりの環境を整えることを常日頃からしている。」においては、実験群が対照群よりも有意差を持って低い状況であった。しかし、プログラム受講中の2学期調査では、この項目の差がみられなくなり、さらに【自己理解・自己管理】の設問「5．困難な状況においても、自分を信じて感情と行動をコントロールし、諦めることなく成長している。」では、実験群が高い評価となり有意差がみられた。

　また、2018年度高校3年1学期調査（実際は7月実施）では、プログラム終了後半年が経過した段階であるが、【自己理解・自己管理】の設問「5．困難な状況においても、自分を信じて感情と行動をコントロールし、諦めることなく成長している。」と、さらに【異文化コミュニケーション】の設問「5．異なる意見にはしっかり耳を傾け理解し、新たな見解を構築したうえで相手が共感できるように英語で表現することができる。」という高いレベルの資質・能力において、実験群の自己評価が高くなっており有意差がみられた。この段階では、【成果志向】の設問「3．困難な状況が生じた場合でも、積極的に自分たちで問題を解決している。」に対しても実験群の自己評価が高い傾向がみられた。

　このように、このプログラムでは、英語を使った高いコミュニケーション力の育成に加えて、粘り強く課題に取り組む姿勢が育てられ、それらの資質・能力は持続性のあるものになったと考える。これらの資質・能力は現在および次期学習指導要領でめざす生きる力の育成にも関連したものであり、特にグローバルな視点をもって「学びに向かう力」を育む事例にもなっていると考える。

おわりに

　ユネスコは、SDGsの達成に向けて教育は非常に重要な役割を果たすとしており（UNESCO;18）、特にESDは気候変動、貧困、持続可能な消費などをカリキュラムに導入するだけでなく、インタラクティブで学習者中心の教授学習活動を設定していることで評価している。その特徴としては自己主導型、参加と

共同、問題解決型、学問間・学際的学習およびフォーマル学習とノンフォーマル学習のリンクに支えられた学習行動志向、トランスフォーマティブな教授法が評価されている。このような学習によってこそ持続可能な開発の推進に必要なコンピテンシーが育成されるとしている。

本事例での活動は、これらの特徴を同様に有するものであり、持続可能な開発に必要なコンピテンシーの向上に、一定の成果があったものということができる。

前述したように、日本国内におけるSDGsに向けた教育の取り組みは、国際理解教育やESD教育として経験が積まれてきている。大学がワークショップや出前講座を行う実践報告・研究もされてきている。また、SDGsに対応して改訂学習指導要領の教育目標においても「持続可能な社会を創造する」が盛り込まれ、学校教育全体で取り組むとともに、各教科・教科横断型でどのようにそれらの資質・能力を育むためのカリキュラム開発ができるかという研究も進められつつある（大本久美子、2018）。小黒・原（2018）では、学外組織が学校と連携して国際理解教育を実施する「チーム学校」を提示している。中村・ステファン（2018）らは、次期高等学校学習指導要領から必修化される「地理総合」での「持続可能な社会づくりを目指し、環境条件と人間の営みとの関わりに着目して現代の地理的な諸課題を考察する」ことが科目の特徴の一つとして位置づけられたことを受けて、プロジェクト学習開発と実践研究を行っており、非常に参考になる。

本稿で紹介したプログラムは、留学生の研究テーマという偶発性によるため、以上のような教科カリキュラムと絡めた内容ベースの授業開発は難しいものの、コンピテンシーを目標とするカリキュラムとして、SDGs達成に向けた日本人高校生と留学生の人材育成のための高大連携のモデルとして参考になるものと考える。SDGsに向けた教育は、何か一つのプログラムによって達成しえるものではない。この高校でも、中学校の時からグローバル時代を生き抜く力を個々人が念頭におけるように自己評価を繰り返し、広島地域の課題や特徴や将来の社会のよりよいあり方を模索する学習プログラムが継続して行われているため、この事例がより深く生徒に響いたのではないだろうか。また、高校生のためだけでなく、日本の大学でますます増加している留学生にとっても、日本

において日本人と議論を通してSDGsに向けたコンピテンシーの向上ができる可能性を示している。本稿では留学生にとっての成果を吟味することができなかったが、今後さらに増加が見込まれる留学生に対して、自国と世界のSDGsに向けてどのような力を大学はどのように育成すべきか、さらなる検討と実践が必要であると考えている。

【注】

(1) Education for Sustainable Development Goals: Learning Objectives, p.7. SDGsの達成に向けて教育は非常に重要な役割を果たすことが述べられている。自己主導型、参加と共同、問題解決型、学問間・学際的学習およびフォーマル学習とノンフォーマル学習のリンクに支えられた学習行動志向、トランフォーマティブな教授学がその特徴とされている。このような学習によってこそ持続可能な開発の推進に必要なコンピテンシーが育成されるとしている。

(2) SDGsを意識したESD活動として、高等学校段階では筑波大学附属坂戸高等学校でもインドネシアでの高校生SDGsミーティングの活動などの実践報告がなされている。建元 喜寿(他)「平成29年度国際教育推進員会活動報告書」筑波大学附属坂戸高等学校研究部『研究紀要』55巻、2018、65-68頁。

(3) ここでのグローバルコンピテンシーの指標は、広島大学学部一年生向けの短期留学プログラム(STARTプログラム:演習「海外フィールドワーク」2単位)用に開発したものを、筆者らが中学・高校用に改良したものである。(中矢礼美・梅村尚子「海外体験学習における学びの質的変化を促すコンピテンシー評価の有効性」『広島大学国際センター紀要』3号、2013年、15-28頁。)

【参考文献】

広島大学附属福山中・高等学校「中等教育 研究紀要」第58巻、2018年3月。

小黒淳一、原瑞穂(2018)「「チーム学校」による国際理解教育の可能性:新潟県国際交流インストラクター養成事業を通して」、上越教育大学教職員大学院研究紀要、2018年、5巻、79-90頁。

大本久美子(2018)「消費者市民社会の実現をめざす高等学校のカリキュラム開発」、日本家庭科教育学会、第61回大会抄録、134-135頁。

中村 秀司、クラコビッチ ステファン「ESDを推進するプロジェクト学習に関する授業実践-スマートグロースを活用した「アーバンデザインプロジェクト」」日本地理学会『2018年度日本地理学会春季学術大会〔抄録〕』。

《2017年度 連携プログラム運営メンバー》

山下雅文(広島大学附属福山高等学校 研究部長)
甲斐章義(広島大学附属福山高等学校 研究係)

大会報告・特集(公開シンポジウム)

遠藤啓太(広島大学附属福山高等学校　研究係、現在 岐阜県恵那市立恵那西中学校)
石橋一昂(広島大学附属福山高等学校　研究係、現在 広島大学大学院)
松尾砂織(広島大学附属福山高等学校　研究係)
清水欽也(広島大学大学院国際協力研究科　教授)
中矢礼美(広島大学大学院国際協力研究科　准教授)

特集（課題研究Ⅰ）

東アジアにおける高大接続の比較研究

小川　佳万
(広島大学)

　近年アジア各国で高大接続への関心が高まってきている。その要因は主として二点あり、一点目は高等教育の大衆化に伴う多様な学力や興味・関心をもった学生の進学によるものであり、二点目はグローバル化の進展によるグローバル人材育成の必要によるものである。また、アジア各国の近年の動向を勘案すると、とりわけ第二の点がより強い影響を与えていることがわかる。アジア各国・地域では留学熱が一層高まり、それに応えようと世界各地で普及している国際教育プログラムを導入して海外の大学への進学を促したり、また国内大学への進学に関してもさまざまな独自の高大接続プログラムを実施しているのである。

　本課題研究Ⅰでは牧貴愛会員（広島大学）を司会者として、こうした動きが最も顕著である東アジアの中国、韓国、台湾、香港を取り上げ、それぞれ二つの観点から報告した。一つは、国内の高校から海外への大学への高大接続の現状と課題であり、もう一つは国内の高校から国内の大学への高大接続の現状と課題である。

　最初は小川佳万（広島大学）による、国内外の大学への進学を促す教育プログラムを積極的に実施する中国に関する報告である。海外の大学への留学を促す高大接続プログラムとして、IB（International Baccalaureate）、AP（Advanced Placement）等が中国の高校において実践されているが、さらに海外の政府や団体と直接提携してPGA（Project of Global Access）という独自のプログラムも運営し海外への留学を促している。こうしたプログラムが拡大している要因は、中国の北京市や上海市のような大都市の高校に国際部という新しい組織の開設

を許可しているからである。一方、国内の大学への進学については、アメリカのAPを参考にして「中国先修課程（AC: Advanced Pre-university Course）」を2013年から北京大学が運営している。アメリカと同様、研修を受けた教員が実際の授業を担当することになり、単位認定は統一試験の結果に基づいて行う。また2014年から中国教育学会が中心となり複数の大学で運営されている「中国大学先修課（CAP: Chinese Advanced Placement）」も登場した。現在どちらも100校以上の高校が参加しており、今後さらに増加することが十分予想できる。また、参加者数という点からは2016年からオンライン科目が2,30万人を受講者を集めており、この展開が注目されている。

　続いて松本麻人会員（名古屋大学）による韓国の報告である。韓国は、海外の大学への進学を視野に入れる国際教育プログラムはインターナショナルスクールで提供されている場合がほとんどで、現段階でIBは外国語高校1校、APは民族史観高校等の2校で実践があるのみである。一方、国内の大学への進学に主眼を置いたプログラムは比較的盛んに行われている。それは、英才学校などカリキュラムの編成・運営に特別な裁量を認められている学校が運営・提供する国内版APと、韓国大学教育協議会（4年制大学の長の連合体）が運営するUP（University-Level Program）がある。2002年から開始された国内版APは才能教育の一環であり特定の高校のみを対象としている点で限定的であるが、2007年開始のUPの方は大学キャンパスで提供されるプログラムであるため現役高校生であれば誰でも参加でき（ただし校長の推薦が必要）、今後の影響力が強まることが予想される。ただし両プログラムの学問領域や水準の点に注目すると、国内版APもUPも自然科学系の教科を中心に運営され、その水準も大学の基礎教養レベルに位置付けることができ、それらの点では両者の類似性は高いと言える。

　三番目は、小野寺香会員（奈良女子大学）による台湾の事例である。台湾の海外の大学への進学を前提とするプログラムは、インターナショナルスクールを除いて2,3校にとどまりほぼ導入していない例となる。それは教育部が台湾の教育課程の履修を比較的厳格に求めているからである。一方、台湾の大学への進学を促すプログラムは盛んに行われ、それは実施時期（大学入試の前後）から二つに区分することができる。大学入試前に実施されるのは、各大学

が進学実績の顕著な高校と連携し、生徒が大学で教養科目を履修するものが一般的である。また教育部が管理運営する第二外国語に関するプログラムもある。一方、大学入試後に合格者に対して実施されるプログラムについては、合格者が入学予定の大学から提供される科目を履修する場合と、複数の大学が共同で提供する科目を進学先に関係なく履修し、試験で一定の成績を修めれば単位認定されるものとに分かれている。これは近年の大学入試改革によって高校卒業の数か月前に合格が決定する生徒が約半数を占める現状に対応したものである。こうした点から台湾の場合、学業優秀者を対象としたもの以外にも、効率的な単位修得を狙いとするものも拡大していることが特徴として挙げられる。

　最後は大和洋子会員（青山学院大学）による香港の報告で、上記報告内容とは大きく異なる点がある。それは、旧英領植民地であったことの影響で、2012年から新しくなった中等教育修了を証明する試験「香港中學文憑考試」が英国のA-levelsと同等に扱われ、試験結果の提出によって世界の主要国の大学に進学できるからである。つまり、香港の教育課程を履修し修了試験を受けることは国内外の大学への進学を可能とする（ただしIBを導入する私立学校も存在する）。香港内の大学への進学を促すためのプログラムについては、香港大学と香港科技大学が実施する高校生向けの英才教育プログラムがある。これらは夏季休暇中に実施され、その一部は大学の単位が認定されるが、対象者や科目数という点で限定的である。

　こうした東アジアの事例を眺めながら共通点を析出すると以下の点が指摘できる。第一に、高大接続プログラムの拡大は、その関心が高等教育の機会の拡大よりもむしろグローバル競争を勝ち抜くエリート人材の育成を目指している。第二に、どの国でも多様な高大接続プログラムが導入されているが、それらが高校教育課程の一部（卒業認定単位）に位置づくことで、高校教育課程を多様化させる役割を担っている。第三は、大学入学者選抜に新たな材料を提供する役割を担っている。各国で学力概念が汎用的になり、多面的にそれを測ることが大学入試に求められることで、従来の学科試験を補完あるいは代替する機能が高大接続プログラムに期待されている。プログラムへの参加自体、あるいはその経験を通して得た学習成果が選抜基準として活用されるのである。第四に、どの国・地域も国内の大学への進学を促すプログラムは比較的最近に導入され、

これは海外への頭脳流出に対する危機感の高まりを受けて国内の教育を充実させる必要に迫られたものであると言える。

　報告者からの報告内容に対してはフロアからの質問が多く提出され、この分野への関心の高さを確認できた。またフロアと報告者の間、あるいは報告者間の活発な対話を通し、今後の研究課題も見つかり有意義な時間であったと感じている。

公教育制度の第3ステージへの模索
——自律的公設学校の国際比較を通して——

中島　千惠
（京都文教大学）

はじめに

　本課題研究は、科研「平等と卓越性のバランス政策を軸とする自律的公設学校の国際比較」(15H05201) の研究成果報告で、アジア4カ国（日本、シンガポール、韓国、インドネシア）、欧米4カ国（アメリカ、イギリス、スウェーデン、フィンランド）の8カ国を対象とする。それぞれの国の事例が重要な意味を持ち、自律的公設学校へのアプローチが大きく異なる2つの国家群における「教育の平等と卓越性」に対する考え方のバリエーションや対立的要素を際立たせるには、数カ国の報告では不十分であり、巨視的な国際比較の分析結果報告を6人の発表者で臨んだ。

本課題研究の趣旨

　グローバルに移動する人々と従来の公立学校に適応できない、または排除される人々への関心が高まり、諸国の公教育制度は新たな波に向き合っている。公教育制度の発展を第1ステージ（量的拡大）、第2ステージ（量と質の拡大）とすれば、公教育制度の第3ステージ（ここで今回、仮に「公教育概念の拡大とガバナンスの自律化」と仮定する）が到来しつつあるのだろうか。その段階を日本がいかに迎えるかは、教育における平等と卓越性の実現、社会の安定・統合・民主化とも関わり重要な課題である。

　PISA2006、2012年と学校の自律性が一定の条件下で学力向上に寄与することが示唆され、国際的関心が高まった。日本でも一定の自律性が許容されたグローバルハイスクールや公設民営のIB校などが誕生している。また、約13万人

の不登校児童生徒を背景に成立した「義務教育の段階における普通教育に相当する教育の機会の確保等に関する法律」(平成28年12月制定。略称「教育機会確保法」とする)は多様な人々の包摂に関する議論を今まで以上に活発にしている。

公教育制度変容の2類型

　公立学校制度と公教育概念に大きな変容をもたらしているアメリカでは、自律的公設学校に対してバックラッシュとも見える現象がある(自律的公設学校の抑制、閉鎖、制度の停止、違憲判決など)。しかし、欧米諸国では葛藤は深いものの自律的公設学校誕生以前への完全回帰はもはや想定できない。本課題研究では、自律的公設学校が拡大してきた欧米3カ国と、自律的公設学校を国家戦略に活用しつつも、従来の公教育制度を堅持するかに見えるアジア4カ国とを対比させながら、公教育制度の在り方を追究した。各発表者は、各国の実態を「学校の自律性」「平等と卓越性」「学校の民営化」などの視点から分析・論じた。

　アメリカのチャータースクール(以下、CS)は、1991年にミネソタ州で制度化され、人権や安全などの公民権に関わる法律以外は、法的規制を受けることなく自由に革新的教育を行えるというふれこみで始まった。近年、質の平等を推進する施策(教育内容、水準、教師の質の保証)によってCSはかつての自律性を削がれている。しかし、おもしろいことに、水準確保のための標準化されたテストに対して猛烈に反対しているのは、CS支援組織ではなく、むしろ、従来の公立学校に働く教員達である。従来の公立学校にも意思決定の自律性が高められ、CSとの差は縮小傾向にある。

　1960年代に「万人のための統一学校」を標榜し、義務教育段階の教育の単線化と総合制化で世界をリードしたスウェーデンでは、1980年代には教育行政の地方分権化を推進、1990代には自律学校拡充へ政策転換を行い、公教育の多様化を進めた。2017年度には、基礎学校の17％、高等学校の32.9％以上が自律学校になっている。

　イギリスでは、連立政権の積極的な政策の下、学校の自律化及び民営化が進み、公立学校から転換した「アカデミー」校や新設された「フリースクール」(2011年教育法)が、すべての初等、中等教育学校のうち、初等段階で25％以上、中等教育段階で60％以上となっている。

とりわけ英米に共通しているのは、第1に常に他国からの多様な人々を人種、民族、宗教に関わらず受け入れてきたこと。それゆえに、公教育の多様化への力が働きやすい社会環境にある。第2に地方分権の伝統があること、第3に歴史的にも教育上でも相互に関わりの深い国々である。

　これらの国では民間の学校運営組織が公設民営学校に多様な形で関わっている。さらに、他国に拠点を置く営利目的の学校運営組織の参入を許容し、他国の教育運営ビジネスが公設学校を運営しているという、公教育の概念を打ち破る実態がある。

　一方、韓国、シンガポール、インドネシア、そして日本における自律的公設学校の特徴は、①設置数と自律性は中央政府によってコントロールされ、②目的も中央政府の方針に則っており限定的で、主にグローバル化に対応する人材育成の一翼を担うものとして設置されている。また、③経済的にも通常の公立学校より多くの公費がつぎ込まれている。だが、④民営化や他国の学校運営組織の参入は許容していない。

　韓国にはグローバル人材育成やオルタナティブ教育を目的とした自律的公設学校があるが例外的存在である。PISA2015年でトップの成績を打ち出したシンガポールでは、政策原理として、「能力主義」と「機会の均等」を基本原理とし、「卓越性」と「平等性」を併せ持つハイブリッドな教育プログラムとして「オートノマススクール」が誕生した。自律性と経済面において特権が与えられている。インドネシアでは2003年の教育法を受け、「国際水準推進校」の取り組みが2006年に始まり、2011年には小・中・高で600校以上にも上った。しかし、「すべて国民は質の高い教育を享受するにあたり同等の権利を有する」という法律に定められる平等に反するとして2013年、違憲判決が下され、廃止された。背景には、教育の商品化への批判とともに、欧米で基準が作成され、アジアがその基準を高額で購入するという構造が見えてきた。

平等と卓越性へのアプローチの相違

　アメリカ、スウェーデン、イギリスでは、教育の卓越性を求める人々も、世界中から集まる移民、難民も、すべての人々を公教育に包摂しようとし、公費で賄われる自律的公設学校が多様な教育の場を提供している。一方、シンガ

ポール、韓国、日本では、自律的公設学校はグローバル人材またはエリート育成に焦点化され、平等な教育機会の保障を第一の目的とはしない。

フィンランドでは自律的公設学校設置の目立った動きはなく、従来の学校ガバナンスのルール内で学校を多様化することによって平等な教育機会を保障しようとしている。

新たな社会的リスク

自律的公設学校の増加は、新たな社会的リスクをもたらしている。アメリカでは公費の分配や公的施設共有をめぐる葛藤、教育の質保証などに加え、公立学校が分断されることに対する危機感が生まれている。D.ラビッチは公立学校の危機は民主主義の危機であると断じている。スウェーデン、アメリカでは営利・非営利の学校運営組織が増加し、激しい論争と葛藤の種になっている。

欧米、アジア問わず、子どもに最善の教育機会を願う親の思いが噴出し、従来の公教育の枠組みでは収まりきらない力が渦巻いている。韓国では公立の枠内で満たされないニーズが公立の枠外で無認可の自律的学校によって満たされる現象が拡大している。公教育の内と外に誕生している2つの自律性は、韓国が抱える教育ニーズの表と裏、光と影を表すかのように共存している。韓国政府は無認可の学校の対応に苦慮している。シンガポールでも、「卓越性」と「平等性」の追求の中で、競争が激しくなり、学校外の私教育（塾や家庭教師）への依存が増加し、子どもが所属する学校ヒエラルキーが、その保護者の所属する出身層や貧富の差との相関を高めるという副作用を招いている。アメリカでは低迷する学校をチャーター化する権限を親に与える法律を制定する州も現れ、親が政治化してきている。

欧米では既に第3ステージかと思われる段階にあり、アジアでは形を変えながらも第2のステージが継続するかに見える。しかし、日本における教育機会確保法の制定は、公教育概念の拡大とそれに伴うリスクへの対峙がアジアでもいずれ避け得ないことをほのめかしている。

フロアーからは公教育の定義と本質に迫るご質問、南米からの視点、日本のフリースクールを意識したご質問などをいただいた。今後、比較教育学による情報と知見が益々、重要となろう。

書　　　評

近藤孝弘著
『政治教育の模索——オーストリアの経験から』　　　　木戸　　裕

菊地かおり著
『イングランドのシティズンシップ教育政策の展開
　　——カリキュラム改革に見る国民意識の形成に着目して』　谷口　和也

工藤瞳著
『ペルーの民衆教育「社会を変える」教育の変容と
　　学校での受容』　　　　　　　　　　　　　　　　斉藤　泰雄

江原武一著
『教育と比較の眼』　　　　　　　　　　　　　　　　望田　研吾

文　献　紹　介

近藤孝弘・中矢礼美・西野節男編著
『リーディングス比較教育学　地域研究——多様性の教育学へ』　中矢　礼美

高野篤子著
『イギリス大学経営人材の養成』　　　　　　　　　　高野　篤子

小川佳万・姜姫銀著
『韓国の高等教育——グローバル化対応と地方大学』　小川　佳万

福留東土編
『専門職教育の国際比較研究』　　　　　　　　　　　福留　東土

Tomoko Tokunaga
Learning to Belong in the World:
　An Ethnography of Asian American Girls　　　　　徳永　智子

Shoko Yamada
'Dignity of Labour' for African Leaders:The Formation of Education
　Policy in the British Colonial Office and Achimota School　　山田　肖子

[書　評]

近藤孝弘著
『政治教育の模索——オーストリアの経験から』

木戸　裕
(元国立国会図書館専門調査員)

　わが国では2015年に「公職選挙法」が改正され、翌年行われた参議院議員選挙から選挙権年齢が18歳に引き下げられた。その過程で青少年に政治を教える必要性が訴えられてきた。しかし「政治教育」とは何か、これをどう教えたらよいのか、とりわけ教員の間には政治的中立性への対応に苦慮している様子が伺われる。

　諸外国を見ると、18歳以上としている例が多いが、オーストリアは、2007年にそれまで18歳であった選挙権年齢を16歳に引き下げた。世界でも16歳という国はほかに聞いたことがない。

　本書は、こうした先駆的な16歳選挙権を導入したオーストリアで、政治教育をめぐってどのような試行錯誤が続けられているのかについて、ナショナリズムに動員された過去の歴史から、現在のコンピテンシー重視の教育、さらには国民議会による政治教育プロジェクトである「民主主義工房」の挑戦まで、その変容と深化を丹念に跡づけたものである。

　著者によれば、16歳に選挙権を認めたオーストリアを取り上げた意義として、次の3点が挙げられている。

　第一に、ドイツの政治教育は制度的にも学術的にも、日本の現状との間の距離が大きい。そこには数多くの興味深いアイディアがあるが、わが国でそれらをただちに実践することは難しい。その点でオーストリアは、今の日本の社会が直面しているのと類似する問題を抱え、それに対する取り組みを観察しやすい条件が揃っている。

　第二に、ドイツとオーストリアの政治教育の成立を比較するとき、前者はアメリカを中心とした先進的な教育研究の成果を摂取しつつも、基本的には自前の政治教育を構築してきたのに対し、後者はドイツの成果に修正を加えながらも、全体としてはそれを輸入している面が見られる。日本で今早急に政治教育のカリキュラム開発を行う必要があるとすれば、オーストリアの学習プロセスを参考にするほうが現実的のように思われる。

　第三に、ドイツでは1972年に18歳に選挙権年齢が引き下げられて以来、特段新たな大きな動きは見られない。それに対しオーストリアでは、2007年に16歳選挙権が導入されており、そこでは引き下げられることのもつ意味に加えて、選挙権年齢を引き下げることそのものが政治教育に与える影響について、これを同時代の座標軸上で見ることができる。

　本書全体の構成は以下のとおりである。
はじめに——政治教育後発国への注目
第1章　国家市民教育の始まり
第2章　オーストリア共和国の再建
第3章　学校における政治教育の発展
第4章　民主主義の能力を育てる

第5章　学校の外から政治教育を支援する

　おわりに——政治教育を備えた民主主義へ

　まず第1章では、オーストリアでは何故政治教育の発展が遅れることとなったのか、とくに国内・国際政治のもとで展開されてきた国家市民教育（公民教育）と祖国教育という活動に焦点をあてて、その理由が述べられている。

　第2章では、1960年代までのオーストリアでは、民主主義よりもむしろネイションに価値が置かれる戦前回帰の傾向が見られたこと、70年代に入りドイツの影響を受け政治教育のもつ重要性の認識が一部に広がったこと、しかしそれは保革の政治対立の中で、それ以上の進展に至らなかったことが明らかにされている。

　第3章では、90年代になってオーストリアの学校で政治教育が本格的に稼働することになった経緯が書かれている。具体的には、現職大統領の過去が問われた「ヴァルトハイム問題」と、EUへの加盟（1995年）を背景に、オーストリアの戦後国家のあり方を見直さざるを得ない状況が生まれ、これらを契機として政治教育への積極的取り組みが開始されたこと、加えて19歳から18歳へ（1992年）、さらに18歳から16歳へという二度にわたる選挙権年齢の引き下げが、それに拍車をかけたことが詳述されている。

　第4章では、教科書やマトゥーラ（大学入学資格）の試験問題等を主な資料として、知識に代わるコンピテンシーという考え方が、学校でどのような形で浸透しつつあるかが考察されている。その上で、教師教育等の課題とそれに対応した施策の成果について検証されている。

　第5章では、学校における政治教育を支援することを目的に設立された「民主主義工房」などの学校外機関の活動が紹介されている。こうした取り組みの中に、オーストリアの政治教育のもつ広がりと、残された今後の課題を見ることができるとして結ばれている。

　以上、全体の構成とその内容について概観したが、本書の特色を挙げれば次のようになろう。それは、ある特定の時期に限定された政治教育とその環境に見られる特質を論じるのではなく、連続的に百数十年の歩みを大きな流れの中で把握し（第1-3章）、その上で現在のオーストリアにおける政治教育が直面する課題に論及している点である（第4,5章）。このように政治教育に見られる発展過程を長期間にわたって観察しつつ、その意味するところが解明されている点は、われわれが日本における状況を相対的に捉える上で少なからぬ重要な手がかりを与えてくれるように思われる。

　著者は、『ドイツ現代史と国際教科書改善——ポスト国民国家の歴史意識』（名古屋大学出版会、1993年）で、戦後ドイツの歴史教科書の記述を題材として、その記述を支える国民的な歴史理解と、それと密接に結びついた政治意識に着目した。続いて『自国史の行方——オーストリアの歴史政策』（名古屋大学出版会、2001年）を著し、オーストリアにおける歴史意識と国家像、ネイションと極右主義との清算されない関係について鋭く迫った。そしてこうしたオーストリアの

歴史政策の展開をたどっていくプロセスで、著者は「政治教育」という視点に注目し、ドイツを対象にした『ドイツの政治教育——成熟した民主社会への課題』（岩波書店、2005年）を上梓している。本書はこれら三部作をさらに一歩進めることで、わが国における今後の政治教育のあるべき姿を考察するための多くの示唆に富む視座を提供してくれるであろう。

目を近年の動向に転じると、一昨年（2017年）行われたオーストリアの総選挙では、中道右派の国民党（ÖVP）が第一党、中道左派の社会民主党（SPÖ）が第二党、極右とされる自由党（FPÖ）が第三党となった。しかし、FPÖとSPÖの議席差はわずか1議席であった。この結果を受けて、弱冠31歳のセバスティアン・クルツの率いる国民党が、自由党と連立政権を樹立することになった。ちなみにこうした若い首相が誕生することと16歳選挙権は関係しているのだろうか。それはさておき、この選挙で29歳未満の有権者のほぼ3分の1は自由党に票を投じたとされている。

オーストリアだけでなく他の西欧諸国においても、自国ファーストを掲げる「内向き」の志向が徐々に広がっているように見受けられる。イタリア、フランス、オランダ、デンマーク、スウェーデン等の国々でも、難民、移民の排除を主張する勢力が徐々に伸張している。ドイツでも一昨年の総選挙で、極右政党とされる「ドイツのための選択肢」（AfD）が連邦議会の第三党に進出するなど、ポピュリズム（大衆迎合主義）の拡大の傾向が見られる。こうした動向の要因を「固定化した現状への幻滅」（フィナンシャル・タイムズ）と見ることもできようが、オーストリアにおける政治教育の実践と選挙での投票動向とはどのようなかかわりがあるのか、その実態をさらに詳しく知りたいところである。ドイツでは先般行われたバイエルン州議会選挙で、AfDの躍進と並んで緑の党が大幅に議席数を増加させた。これと関連して同州の中等段階Ⅱの生徒を対象とした調査では、緑の党の支持率が第一位を占めていたとのことである。

選挙権年齢の引き下げは有権者の増大をもたらし、それは言わば民主主義の拡張を意味するが、この拡張と政治教育とはどのくらい密接に関係しあっているのかについても、より詳細なデータなどが示されればいっそう興味深いであろう。

著者も指摘しているように、近年の諸外国の政治状況と歴史教育に目を向けるとき、歴史教育において自国史を讃える傾向が強い諸国で、いわゆるナショナル・ポピュリズムによる民主主義の劣化が早く進行している傾向がみられるようである。こうした動きを見ると、著者も言っているように、歴史教育と政治教育のより緊密な協力が求められよう。世界各地の歴史を学ぶことは、それ自体が貴重な政治的学習にほかならないからである。こうした視点から日・独・墺を比較した次なる著作が待望される。

本書は、政治教育のみならず、歴史教育、道徳教育、さらに言えば民主主義の教育はどのようにあるべきかを考えるにあたり、多くの関係者に眼を通していただきたい書物である。(A5判、232頁、4100円＋税、名古屋大学出版会、2018年)

菊地かおり著
『イングランドのシティズンシップ教育政策の展開
――カリキュラム改革に見る国民意識の形成に着目して』

谷口　和也
（東北大学大学院教育学研究科）

　シティズンシップ（市民権）とは何か。シティズンシップ教育でめざす市民とは、どのような社会や集団のどのような資質や意識を持った人びとか。これらの問いに対する答えは、社会的・文化的文脈によって様々である。特に英国では、英国とそれ以外の大英帝国内の諸地域を包摂する「帝国に由来するシティズンシップ」（imperial citizenship）観を永らく保持してきた。これは国民国家とナショナル・アイデンティティが単純に結びつく他国とは異なる考えで、いわゆる英国以外の旧大英帝国内の人びとの「地位」や「政治的権利」、「大英帝国臣民としてアイデンティティ」についてどう扱うかは、英国固有の問題であった。例えば「地位としてのシティズンシップ」については、1962年の移民法以前は旧大英帝国域内からの移民は自由に英国に居住できたこと。「権利としてのシティズンシップ」については、コモン・ローの伝統のもと国籍と権利が直接的に結び付けられずに論じられてきたこと。そしてEU市民、英国民、イングランド国民等の重層的なアイデンティティをいまだに保持していることなど、他国では顕在化しにくいシティズンシップの問題が英国にはある。当然これらは、イングランド等で「シティズンシップ」（教科）の共通のカリキュラムを構築しようとする際にクリアしておかなければならない問題となる。本書のねらいは、シティズンシップとその教育をめぐる普遍的な問題を、「シティズンシップ」の共通カリキュラムの作成過程を通じて明らかにしていくことにある。その際に本書は、この英国独自の「帝国に由来するシティズンシップ」観に関わるシティズンシップの重層性を、シティズンシップ教育を整理・分析する視点として用いている。

　本書は、イングランドとウエールズとが初めて共通のカリキュラムを作成した1988年の教育改革法を起点として実質的な議論を始めている。その際に本書は、(1) 1988年教育改革法によって提案された教科横断的「シティズンシップ」教育とシティズンシップ委員会の審議過程、(2) 労働党政権下で答申された通称「クリック・レポート」と2000年から開始された教科「シティズンシップ」のカリキュラム、(3) 2000年代の社会問題や移民・国籍政策の変化を受け、改めて英国らしさ（Britishness）が議論された2007年の通称「アジェグボ・レポート」と2008年からのカリキュラム、この三つを核に議論を進めている。

　もともと共通するカリキュラムを持たなかった英国では、ナショナル・アイデンティティに関する共通教育もなかった。1944年の教育法で対ナチズム国民統合

の必要から共通のアイデンティティを教育に盛り込もうとした際にも、英国国教会の教義を基盤とする宗教教育しか共通の価値を置くことができなかった。さらに宗教教育を軸に国民の統合を図るというこの考えも、1960年代の通称「スワン・リポート」以降は、多様な宗教を前提とした世俗化されたものへと段階的に変化していった。その結果、1993年のモデル・シラバスの導入まで、学校教育で価値を共有するという考え方は弱まっていった。半面、「帝国に由来するシティズンシップ」観の伝統は、移民政策の変化にともない国民国家と結びつけられた「普通の」シティズンシップ観へとシフトしていった。さらに2000年代には、「価値の共有」について議論が盛んになってきた。特に2005年のロンドン同時爆破テロでは、英国民でありながら国家より宗教的集団により強い帰属感を感じる市民の存在が社会に衝撃を与え、社会の多様性を保持しつつも国家としての一体感を形成する必要性が論じられた。

　本書は、このような英国社会の変化が共通のシティズンシップ教育に反映されたとの考えから、シティズンシップに関わる教育政策の展開と作成された三つの共通カリキュラムを分析している。そして、従前の「帝国に由来するシティズンシップ」の伝統下で曖昧に扱われてきたシティズンシップ観の問い直しと、これらを包摂する広義のナショナル・アイデンティティの再定義過程から、教科「シティズンシップ」の形成過程を論じている。つまり英国では、移民問題の増加や社会の多文化化に伴って「ブリテン国民（British citizen）」と「居住者（または移住者）」、「地位としてのシティズンシップ」と「権利としてのシティズンシップ」、「ナショナル・アイデンティティ」と「包摂の境界」等の関係が教育政策の展開の中で徐々に再定義されるようになり、それが「シティズンシップ」の共通カリキュラムに反映されたというのである。本書は、このような再定義の過程を「帝国に由来するシティズンシップ」観が再構築される過程と表現している。

　本書では、最終的にイングランドのシティズンシップ教育においては、「制度的多文化主義」を掲げながらも包摂の境界として連合王国（United Kingdom）が再び強調されるようになったと分析している。そしてシティズンシップ教育は、連合王国という枠組みの中で制度的プロセスとして実践される多文化主義を基盤とし、連合王国の政治に参画し、権利を行使し、義務を負う市民の育成を通して、多様性を包摂し社会統合を図っていくものとなったと結論付けている。それゆえ、本書は、アジェグボ（Keith Ajegbo）の委員会のメンバーで、この問題に関して主要な役割を果たしたキワン（Dina Kiwan）らの考えで議論をまとめている。

　先行研究では、「国籍（地位）の有無」「権利主体」「アイデンティティ」が明確に区別されない「国民国家と関連付けられるシティズンシップ」観を前提にシティズンシップを論じることが多かった。これに対して本書は、これらの三つの違いに着目しつつ英国のシティズンシップ観を論じている。それによって現代の複雑な国家や社会、集団とシティズンシッ

プの関係を明らかにするとともに、そこにおける市民の関りを明らかにすることに成功している。本書のこの様な視点は、現在のグローバル化し流動化する今後の社会におけるシティズンシップ観を論じる上で有効な視点となろう。その反面、シティズンシップ教育と国民形成について、ここで得られた知見をもとに以下の点でさらなる追究や考察が期待されよう。

まず、本書が教育政策の変化を後付けした短い共通カリキュラムの文面ではなく、実践されていた「シティズンシップ」での具体的議論を期待したい。たしかに英国では学校レベルのカリキュラム・マネジメントの部分が大きく、公的な文書や教科書から実践を再現することは難しい。しかし、その方法が無いわけではない。例えば、教科「シティズンシップ」導入直後にはそれを専門とする教員は存在せず、多くの学校で世界史等の教員が自分の専門科目を通して「シティズンシップ」を教えていた。そこでは伝統的な「帝国に由来するシティズンシップ」観に基づく教養主義的な教育が幅を利かせていたのではないか。またその後、英国各地の大学で「シティズンシップ」養成コースができたが、それらは先にあげた世界史や政治教育的なもの、「クリック・レポート」の思想を踏襲したもの以外にも、サービス・ラーニングやPSHE的なもの等いくつかのパターンがあった。これら教員養成コースの内容は、各大学が新教科「シティズンシップ」をどう捉え、どのような知識や思想、行動が市民には必要かが具体的に表れていた。

また本書は政治的・制度的文脈での議論が中心で、英国のシティズンシップ教育が持つ宗教的背景についてほとんど触れられていない。例えば、1944年の教育法や、英国シティズンシップ教育の源流ともいえるスカウト運動にキリスト教的基盤があったことは事実であり、連合王国のまとまりやアイデンティティの基盤を英国国教会の思想に置いたことを過小評価してはならない。例えば1993年のモデル・シラバスの構成にも見られるように、英国において「多様性」と「包括性」の問題は、常に宗教的多様性と国家や社会の包括性との関係に深くかかわってきた。そうすると、2005年のロンドン同時爆破テロ後に出されたキワンの「制度的多文化主義」は、その包括性を宗教的基盤に置かず、社会の多様性を保持しながら実利的・制度的な面での統合を促そうとしたものであろう。また宗教的文脈を注意深く検討することで、異なる主張が同じ言葉を使用して論じている正義、多様性、寛容、尊重、自由、奉仕等の概念の違いや、その背景にある社会観や市民像もより明確にできよう。

とはいえ、英国が持つ重層的なシティズンシップの変遷に着目し、三つの共通カリキュラムの作成過程と関連する教育政策の展開を論じた方法は卓越したものである。それゆえ本書は、イギリス研究者のみならず流動化しグローバル化した社会における教育を論じる多くの方に一読いただきたい著書となっている。**(A5判、232頁、3200円＋税、東信堂、2018年)**

[書 評]

工藤瞳著
『ペルーの民衆教育――「社会を変える」教育の変容と学校での受容』

斉藤　泰雄
(国立教育政策研究所名誉所員)

　民衆教育（educación popular）という言葉は、ラテンアメリカの文脈で使用されるとき、その穏やかな語感とはうらはらに、特有の政治的意志とイデオロギー性をひそませた言葉であり概念である。それは、20世紀後半のラテンアメリカを代表する思想家であり社会運動家の一人であったブラジル人教育家パウロ・フレイレの思想や教育方法論を基盤としており、その理念に共鳴し、ラテンアメリカ各国・地域においてその実践をめざそうとする人びとによって共有され、その活動を支える理念である。ラテンアメリカにおける厳然たる階級社会状況の存在を前提として、その底辺部におかれた被支配階級あるいは被抑圧者の意識覚醒と解放をめざす教育という意味あいを含んでいる。

　その立場は、反体制・反政府的とまではいえないとしても、政府の教育政策とは一線を画し、抵抗や代替案を提示する教育運動論という性格を色濃く帯びたものである。著者自身も民衆教育を、「エリート主義的義的で既存の社会構造を温存する教育制度への批判として生まれたものであり、農民や都市周辺部の住民等の社会的に不利な状況にある人々が不平等な社会を批判的に捉え、社会を変革するための教育、その主体を育成するための教育」(4頁)と定義する。

　1960年代から1980年代にかけて、民衆教育は、ラテンアメリカ発の、そしてラテンアメリカ的特色が濃厚な教育思想、教育運動論として地域内外の活動家や研究者の注目をあつめる存在であった。それゆえにすぐれた先行研究も少なくない。フレイレ教育論の研究を含めればその数はさらに増す。それゆえに、若手研究者にとっては目の前に高い壁がたちはだかるような研究課題といえるかもしれない。本書は、このような民衆教育研究に果敢に取り組んだ著者によってもたらされた力作である。書名は、主な調査対象地域となったペルーに限定されているが、民衆教育の運動は、汎ラテンアメリカ規模の広がりを見せるものであり、著者の視点もラテンアメリカ地域全体を視野にいれたものである。

　本書は次のように構成される。
　序章
　第一章　ラテンアメリカにおける民衆教育の形成
　第二章　1990年代以降のラテンアメリカ民衆教育のパラダイム
　第三章　ペルーにおける民衆教育と教育政策、市民社会
　第四章　ペルーの共同体教育政策から見る民衆教育の限界
　第五章　ペルーの働く子どもの運動マントックと民衆教育

第六章　ペルーでのカトリック系国際
　　　　NGOフェ・イ・アレグリア
　　　　の民衆教育
終章　民衆教育の現代的意味

　第一章、第三章（第一節〜三節）において、ラテンアメリカ全体、特にペルーおいて民衆教育が、どのようにして登場してきたか、その特色はどのようなものであったか、という歴史的形成過程をたんねんに記述する。ここでは、1960年代から70年代にかけて、保守的な独裁政権や強権的な軍事政権がラテンアメリカ地域の多数の国を統治し、伝統的支配階層に属さない下層民衆層への監視と統制を強め、住民の疎外感と閉塞感がつのるなか、民衆教育がそうした時代趨勢へのある種の抵抗運動として出現してきた経緯が語られる。これはラテンアメリカの現代教育史の流れを概観しながら、その中に民衆教育を位置づける作業となっており、先行研究や資料を博捜しながら要点をおさえた簡明な整理となっている。
　しかしながら、本書の独自性はここからである。伝統的ラテンアメリカの社会構造は、1980年代にこの地域をおそった深刻な経済危機を転機として大きな変貌をとげることになる。すなわち、軍事政権や長期独裁政権の退潮による政治的民主化の進展、新自由主義政策の浸透と構造改革、クローバル経済への参入、安定成長の持続と市民社会の成熟、社会正義の希求や人権意識高揚、国際世論や国際潮流への積極的対応などの現象である。
　地域全体として、90年代に入ると、教育にたいする国民の関心が一段と高まり、より積極的に教育改革を求める声が大きくなる。最近の教育改革論議に見られる新しい傾向の一つとして、グローバル化や国際競争を意識してか、欧米や日本のような先進国の教育水準のみならず、経済成長の著しいアジアの国々の教育状況が引き合いに出されるようなケースも目につく。教育の質の問題が意識されるにしたがって、この地域では従来ほとんど注目されることのなかった生徒の学業成績の国際比較調査にも関心が高まっていった。こうした変化は、民衆教育にも影響をあたえるものであり、民衆教育もまた変容をせまられた。
　ラテンアメリカの研究者のなかにも、民衆教育は、ラテンアメリカ社会の変貌のなかで、その歴史的使命を終え、いわば一世を風靡したひとつの歴史的な概念、歴史的遺産となっていると見なす者も少なくない。あるいは、その理念は、抵抗の論理という性格を弱め、各国政府の教育政策のなかに組み入れられて主流化するというかたちで発展的に解消したとみなす見かたもある。はたして現実はどうであるのか。著者の関心は、この点に焦点づけられており、いうなれば「あの民衆教育のその後の姿」を見きわめようとする意欲的なものである。この鮮明な課題意識が本書に、ある種の力動感と独自性を与えるものとなっている。
　ここからの研究は、あまり文献研究に依存することができなくなるため、著者は、ペルー一国に対象を絞りこみ、民衆教育の正当な継承者を主張する団体、民衆教育とは袂を分かったとする団体、民衆教育論が盛んだった時代にはまだ本格

的に登場していなかった各種のNGO組織、民衆教育の陣営から中央・地方の教育政策担当者・教育行政官に転身した人物など多彩な関係者に面談調査を重ね、さらにはウェブサイトの調査を併用し、そこに民衆教育の理念やエトスの存在の有無、またその濃淡をさぐるという手法を多用することとなる。いずれも、体力、気力、忍耐力を求められる作業であるが、その努力の成果は本書において確かに結実しているといえよう。ちなみに、本書は、著者が2016年に京都大学に提出して授与されたた博士論文が基礎となっている。

民衆教育の変容の様相として、著者は、(1) 先住民・ジェンダー・市民権・人権・理念の教育制度内部への取り込みと包摂、(3) 学校教育への接近を確認する(171-173頁)。確かに、民衆教育から「尖った」カドはとれ、その輪郭は鮮明さを失ってきたといえよう。しかし、著者は、本書の最後尾において、その将来像にふれて、もし仮に将来変容がそこまでが進展したなら、民衆教育はもはやその命脈をとどめなくなるという条件を想定する。それは、(1) 個人の幸福や利益、社会的上昇だけを目標とした教育となる、(2) 既存の教育制度に対する批判的機能を失った場合、(3) 学習者の関心や日常生活からかけ離れた内容が学習の中心となった場合(178頁)、という。逆にここまで事態が変化しないかぎり、「より公正で民主主義的に『社会を変える』ことを求める教育思想や実践は、それを民衆教育と呼ぶか否か、学校教育の外で行うか否かに関わらず、今後も受け継がれていくであろう」と結論する。筆者は、民衆教育にたいして直接的にシンパシーを表明することはなく、またその変容に対して個人的な見解や批評を明示することも慎重にひかえている。しかし、この最後の言葉には、評者もおおいに共感するところである。

最後にひとつだけ細瑾をあげるなら、第五章「働く子どもの運動MANTHOC」に関する部分である。世界的に児童労働禁止の世論が高まるなか、あえてそれに抗するように、子ども・若者が働くことを肯定的にとらえ、独自の活動を展開するNGOを紹介する。これ自体、開発途上国における児童労働論議として興味深いものではあるが、民衆教育の継承と変容という本書の全体構成の脈絡においては、やや据わりが悪いという印象は否めない。本書の一章として組み入れる際に、運動の主唱者クシアノビッチとフレイレとの人脈関係、かれ自身のフレイレ論など民衆教育へのアンビバレントな感情にもう少し踏みこんだ言及があってもよかったのではないかという思いは残る。

(A5判、210頁、3200円＋税、東信堂、2018年)

[書 評]

江原武一著
『教育と比較の眼』

望田　研吾
(九州大学・名誉)

　本書の目的は著者によると「現在世界各国で行われている教育改革の動向を国際比較の観点から集約して整理するとともに、日本や諸外国の具体的な対応や取組について批判的に考察し、それらの知見を手がかりにして日本の教育改革の望ましいあり方を探ること」である。すなわち、本書は外国の教育との比較からわが国の教育にとって望ましい教訓、示唆を得ようとするものであり、比較教育学の論考としてはきわめてオーソドックスなものである。それは本書が「日本の教育改革のあり方や改革の実際に関心がある教育関係者や学生、保護者、それから卒業生を受け入れる社会の多くの人びとにとって、少しでもお役に立てば幸いである。」とあとがきに記されているように、一般読者を対象としていることによるものである。
　本書は以下の5章で構成されている。本書の分析視点を述べている「第1章教育の国際的視点」、日本の教育改革の概要を記している「第2章日本の教育改革のゆくえ」、価値教育や市民性教育についてふれている「第3章公教育と価値教育」、近年の世界の教育改革における最大課題である学力問題を取り扱った「第4章国際学力調査のインパクト」、1980年代以降わが国の教育で重要な課題となってきた教育の国際化の問題に関わる「第5章教育の国際化の課題」、そして、生涯学習社会への動きを論じた「第6章学校と生涯学習体系の構築」である。
　では、このように多面的に教育改革を分析する場合の、本書のタイトルともなっている比較の「眼」すなわち分析視点はどのようなものであろうか。著者は、世界共通の教育の普遍的な使命を「基本的人権の尊重や公正で平等な学習機会の拡充、人類の知的遺産の継承、公平無私な真理の探究などといった社会にとって不可欠な教育活動」の遂行であるとし、わが国のそして世界の教育改革がこの社会的使命の達成にとってどの程度有効であったのかを吟味している。そうした前提に立って、著者が世界の教育改革を分析する場合のキーワードは「小さな政府」である。いうまでもなく「小さな政府」は新自由主義的社会改革における最重要概念の一つであり、近年の世界の教育改革における主導的理念となってきたものである。著者は、対象となる読者を意識してか、この「小さな政府」について「小さな政府(スモール・ガバメント)とは、政府の権限を縮小し、国民のやる気や競争心、進取の気性を活用することが国民国家の発展にとって役に立つという立場から、国民の自助努力や市場競争の原理を重視する新保守主義(新自由主義)の考え方にもとづいた政府であ

る。」というわかりやすい定義を提供している。ちなみに、この例にみられるように、本書では教育改革をめぐるいくつかの重要なキーワードについて丁寧な定義や解説がなされており、一般読者や初学者にとって親切なものとなっている。

さて、著者はこうした「小さな政府」のコンセプトによる教育改革に対して「歯切れはよくても実現する目処がつかない教育改革よりも、漸次的な教育改革の着実な推進を支持する私の立場からみれば、それらの教育改革の成果を全面的に否定するつもりはない」としながらも、「日本を含めた世界的同時進行の教育改革によって、日本の教育は時代や社会の変化に適切に対応するとともに、教育の本質に適ったものに改善されてきたのかというと大いに疑問である」として、やや抑制されたものながら「小さな政府」的教育改革に対して批判的立場をとっている。そこで、著者が何故「大いに疑問」とする立場をとるようなったかについて、どのように本書で展開しているか、すなわち「小さな政府」を標榜する新自由主義的教育改革のもたらす諸問題について、著者がどのように把握しているが関心の的となるであろう。本書において著者は、幼児教育から高等教育に至る学校制度に関わる諸問題に加えて、既存の学校教育のあり方の見直しを迫っている「校内暴力やいじめ」や「価値教育」の問題、国際的な潮流のなかで深刻な教育上の問題として認識され、各国の教育政策でも対策を講じることが必要になってきた「生涯学習体系構築」「国際学力調査」「ジェンダー」に関わる諸問題、さらに「社会のグローバル化や国際化に対応した教育課題」を取り上げ、こうしたわが国の教育全般にわたる幅広い諸問題についてその内実をわかりやすく解説している。

それに続けて著者は、こうした課題にどのように対応すべきかについていくつかの方向性を提示している。「比較の眼」をタイトルに掲げる本書であることから、そうした対応策について、まずその眼から見てどのような提言をしているかが興味のあるところである。例えばいじめ問題については「長期的にみると、生徒全体を対象にしていじめを未然に抑止する措置を講じていく方が有効かも知れない。また海外の実践で効果的だと評価された対応策も、そのまま日本のケースに適用するのではなく、あくまでも参考にしながら、いじめをとりまく教育の実情や社会の状況などをふまえた対応策を整備していく必要がある。」と指摘し、また価値教育の中の重要要素である市民性教育については「世界の市民性教育は共通の要素や課題を数多く含んでいると同時に、他方で国や社会、地域のスタンスや事情、歴史と伝統、社会的・文化的背景などによって異なるので、日本社会にふさわしいバランスのとれた市民性教育を実現するためには、その基本的構想（グランドデザイン）市民性の資質などを明確に設定して、具体的な教育実践をさまざまな場面で試行する必要がある。」といったかたちで、海外の事例を参考にしながらわが国にとって適した対応策を考えるべきであるというあくまでオーソドックスな立場に徹している。た

だ、わが国を含めた世界の教育改革における最重要課題である学力向上策に関わる国際学力調査については、比較教育学的観点から注目すべき視点として「国際学力調査で測定される知識や技能などを、各国の学校教育における教育課程の教育内容としてくみこむ際には、生徒の読み書き能力の背景となり、特定の文化に参加するために求められる各国に固有の知識や技能などと整合するように再構成する必要があるが、それは日本も例外ではない。」との指摘が見られる。経済発展を第一に掲げる西欧中心の国際組織であるOECDが実施するPISAに対しては、各国の国民文化に基礎を置く教育を重視する立場からは、それがOECDによる一目瞭然の国際ランキングという「比較」を媒介とする世界教育の「ガバナンス」の道具となっているといった批判も出されているが、著者の国際学力調査への視点はこれほどラディカルなものではないものの、PISA型学力の過度の偏重という問題点に目を開くものでもある。

このように本書を通じて、著者はわが国の教育における諸課題に関して「小さな政府」的教育改革への抑制的批判という立場から提言を行っている。それらに共通するキーワードは、「日本社会にふさわしいバランスのとれた価値教育の実現」「日本社会にふさわしいバランスのとれた市民教育の実現」さらに「日本社会にふさわしい明確な将来構想（グランドデザイン）にもとづいた教育政策の立案」などの提言に見られる「日本社会にふさわしい」である。現在の「小さな政府」的教育改革は、「日本社会にとってふさわしい」ものではないというのが著者の立場であるが、それらの提言がより強い説得力を持つためには、「小さな政府」的改革のもたらす現実の学校教育における諸問題に対する一層鋭いアプローチが望まれるところであった。また「小さな政府」というイデオロギー上のコンセプトを本書の論述の軸とするならば、教育改革においては、どの国においてもその社会にとって何が「ふさわしい」のかが決定される場合には、イデオロギーのコンフリクトが必ず生じるものであり、著者が言う「日本社会にふさわしい」改革の実現にとってどのような現実的問題が横たわるのかについての言及も、教育改革における政治的次元への視点を提供するのに役だったものと思われる。

ともあれ、全体としてみれば本書は世界各国と日本の教育改革を丁寧に、また国際比較の観点からわかりやすく「集約」し「整理」するという著者の意図通り、教師養成課程に学ぶ学生や現場の教師を含めた一般読者にとって、その幅広さとわかりやすとによって近年のわが国における教育改革の動きを世界との「比較の眼」において簡潔に把握するのに大いに有用であると思われる。**（四六判、252頁、2600円＋税、東信堂、2018年）**

[文献紹介]

近藤孝弘・中矢礼美・西野節男　編著
『リーディングス比較教育学　地域研究——多様性の教育学へ』

中矢　礼美
(広島大学)

　本書は，日本比較教育学会設立50周年記念事業の一部として、当時の杉本均会長の提案によって取り組まれたものである。本書に掲載されている論文は、特定地域の歴史、社会・文化的文脈中での教育事象を捉えようとする比較教育学会員による論文である。

　本書は2部構成となっており、第一部では3人の編者が比較教育学研究における地域研究についてそれぞれの見解を述べている。第二部では、16本の論文を次の五つの課題別に配列している。「貧困・格差」では、「教室で生み出される民族間の教育格差」「インドにおける貧困層対象の私立学校の台頭とその存続メカニズムに関する研究」「スウェーデンにおける外国人児童生徒の教育課題」。「国家・国民・市民」では、「イングランドの市民性教育の実践とその課題」「転換期の歴史教育と『よりよい社会』の希求」「多文化主義国家カナダのマイノリティ言語教育の様相」「ヨーロッパ教育における地域統合とネイション」「言語の国民化」。「宗教」では、「カトリック系国際NGOフェ・イ・アレグリアのペルーにおける展開と民衆教育の論理」「マレーシア（クランタン州）におけるイスラーム教育の発展に関する一考察」「イスラーム的な人間形成」「マレーシアにおける伝統的イスラーム学習の変容」。「伝統・地域」では、「グアテマラにおけるコミュニティ運営学校の展開と終焉の制度的要因」「インドネシアにおける地域科カリキュラムの機能に関する批判的研究」「『伝統』と文化創造」。「研究方法」では、「国際教育開発と比較教育学研究の可能性」である。副題を「多様性の教育学へ」とした所以は、これらの地域、テーマおよびその志向するところにある。

　リーディングスとしての本書の特徴は、個々の論文の解題を、論文執筆者自らが、今の時点から論文執筆時の自分を対象化してその意義と問題点を述べているところにある。これらの論文は、大きな志をもって、真摯に、謙虚にその地域、テーマの理解に挑戦するものである。そこでの議論は特定地域での現象や論理でありながらも、わが国の教育問題や教育文化に引き付けて考えさせられるもの、既存の教育理論に挑むものでもある。是非、素晴らしいところは見習い、解題文で書かれている筆者の反省点については如何に克服できるのか、考えながら読んでいただきたい。(A5判、368頁、3700円＋税、東信堂、2018年)

[文献紹介]
高野篤子著
『イギリス大学経営人材の養成』

高野　篤子
(大正大学)

　1990年代後半より日本をはじめイギリス、オーストラリア等の各国では、大学運営の複雑化・高度化の進展により、大学職員の専門職化が求められ、2000年以降に大学幹部職員を育成する大学院が新たに誕生している。本書は、イギリスにおける大学の経営人材とはいかなる専門職で、高等教育を専門・専攻とする大学院課程（学位プログラム）ならびに大学関連団体や個別大学における研修（非学位プログラム）でどのように職能開発が行われているのかを、イギリスの社会的・文化的文脈の中で明らかにしようとするものである。アメリカ合衆国における大学管理運営職とその養成プログラムについてまとめた『アメリカ大学管理運営職の養成』(2012年、東信堂)に続く第2弾である。こちらは2013年の『比較教育学研究第46号』の書評欄で取り上げていただいた。いずれも通底には、大学管理運営職はいかなる専門性を有するのかという"professionalization"に対する問いと、専門職大学院ではない高等教育専門・専攻大学院の存在意義は何かといった"legitimacy"への問題意識がある。

　イギリスは大学職員が長いこと教員の補助的役割を果たしてきたという意味では日本の大学職員に似ている。包括的な大学職員の大規模団体（AUA）が存在する点も類似する。ただし、政府主導で教職員の能力開発研修を提供する高等教育リーダーシップ財団が創設されたり、高等教育の経営学修士号（MBA）や経営学博士号（DBA）を授与する大学院が国内外から学生を集め、他国の大学経営人材をも育成したりしている点は大きく異なる。またイギリスには高等教育資格枠組みがあり、現職が大学・大学院で学びやすい仕組みをもつ。けれどもアメリカのモデルが世界に広まりつつあることを考えると、かつて7つの海を支配した国の教育モデルは、先に専門職化が進み、大学院が誕生し発展したアメリカにとって代わられるだろうか。

　折しも、日本では教職員の管理運営能力の開発（SD）が2017年に義務化された。諸外国の教育システムとの比較を通じて、いかなる知識・スキルを、誰が、どのようにして教えることにより大学経営人材を育てるのか、普遍的な概念が描出できれば、日本における教職員の職能開発の現場に役立つであろうと考えるが、道のりはまだ遠い。(A5判、134頁、2700円＋税、東信堂、2018年)

[文献紹介]

小川佳万・姜姫銀著
『韓国の高等教育──グローバル化対応と地方大学』
（高等教育研究叢書 139）

小川　佳万
(広島大学)

　韓国は、日本にとって最も重要な国の一つであることは言うまでもなく、両国の交流活動は今後ますます活発化することが十分予想される。本書はこうした現状に鑑みて次の2つのねらいから執筆された。第一のねらいは、読者に韓国高等教育の基本的な情報を提供することである。韓国は受験競争が世界的にみて最も加熱している国の一つであると言えるが、その主たる「ゴール」が大学への入学である。多くの子どもたちにとってその「ゴール」となる高等教育の構造を通史的に分析することは韓国教育理解の第一歩であると言える。日本で学ぶ韓国人留学生も多く、彼らの出身国の高等教育の状況を知ることはそれに携わる大学関係者にとっても重要な情報であると言える。

　本書の第二のねらいは、現在の韓国高等教育が直面している課題と改革の方向を読者に簡潔に示すことである。韓国は世界のフロントランナーとしてドラスティックな改革を断行し続け、大きな変貌を遂げてきているため、教育研究者の間でもその理解が追い付いていない。ところがそれら諸改革は日本の高等教育にとっても参考に価するものが多く、正確な情報が求められている。

　以上のねらいをもとにした本書は全7章で構成されている。第1章で韓国高等教育の第二次世界大戦後の発展を10年ごとのスパンで概観する。第2章では現在の高等教育機関の体系及び機能分化を整理し、第3章では韓国教育において最も社会的関心の高い大学入学制度について論じる。さらに第4章でユニバーサル化段階の韓国高等教育における特徴的な問題として指摘される首都圏と地方大学間の格差について検討する。第5章では首都圏との格差が懸念される地方大学に注目し、第6章では特に地方大学の人材養成面に注目する。最後に第7章では、今日少子化が急速に進行するなか、高等教育に対する社会的な需要と供給のミスマッチが問題とされ、「高等教育の競争力強化と大学構造改革」が推進されていることに言及する。

　本書は韓国教育に馴染みのない読者を想定して平易な説明を心がけた。本書によって読者の韓国理解に少しでも役立つことを願っている。**(B5判、104頁、非売品、広島大学高等教育研究開発センター、2018年)**

[文献紹介]
福留東土編
『専門職教育の国際比較研究』

福留　東土
（東京大学）

　本書は近年日本の大学でニーズが高まっている専門職教育について日米比較に重点を置いて論じたものである。広島大学高等教育研究開発センターによる国際共同研究推進事業の一環として採択されたプロジェクトの研究成果である。

　専門職教育を巡っては種々の有意義な取組が重ねられているが、その具体的成果や全容は未だ明確な形で示されてはいない。これら新たな取組は、一方で日本の伝統的な教育を変容させる役割を担いつつも、他方で既存の制度と接合される上で困難な課題を抱えている。それは、教育内容及びその担い手に関する課題であり、かつ教育とその制度、及び成果がいかに社会に受容されうるかという課題でもあり、両者は相互に関連している。こうした日本の現状を考える上で思考の材料を提供してくれるのが米国の専門職教育である。長い歴史を持つ分野が多く、現代では多種多様な専門職が大学教育を通して養成されている。これは一見、職業主義に与する動きとも解されるが、本研究ではこうした動向を、各分野が社会との接合を模索する動きと受け止めている。こうした捉え方によって、日本の専門職教育、ひいては大学院を含めた大学教育がそのあり方を見直す手掛かりが得られるのではないかと考えている。

　本書の特徴は多様な背景を持つ研究者の協働として著された点にある。各専門職は個別の内容と論理を持ち、内部の文脈にアプローチする上では各分野に精通していることが必要である。近年、専門職教育に焦点を当てた研究が現れつつあるが、各分野の持つ固有の文脈に踏み込んで考察を加えた業績は多くない。本書では分野の構造や知識論に踏み込んだ視点から各専門職に光を当てることで、制度論や社会認識論とは異なる専門職「教育」論を展開することを目指した。

　編者による導入に続き、各章のテーマは、放射線医療を事例とする医療系専門職（下瀬川正幸）、現代日本の法曹養成（田中正弘）、日本のビジネススクールの比較考察（戸田千速）、理学系専門職の日米比較（柴恭史）、高等教育分野の専門職養成の日米比較（小野里拓）、工学分野におけるサービスラーニング（杉本昌彦）、そして日本における産学連携教育（李麗花）である。各執筆者の背景や関心、経験を最大限尊重したため、テーマもアプローチも多彩である。ゆえに、まとまった研究業績としての一貫性は今後の課題である。本書で示した多様な観点を緩やかに繋ぎつつ、次なる成果を展望したい。**(B5判、114頁、非売品、広島大学高等教育研究開発センター高等教育研究叢書141、2018年)**

[文献紹介]

Tomoko Tokunaga
Learning to Belong in the World:
An Ethnography of Asian American Girls

徳永　智子
(群馬県立女子大学)

　本書は、移民の子ども・若者をグローバル化や多文化化を担う先駆者として捉え、文化や言語の橋渡しからコミュニティづくりに至るまで、移民の若者がもつ強みや可能性を描いている。教育学・文化人類学・社会学等による学際的アプローチから、2年間に及ぶフィールドワークに基づき、アジア系アメリカ人の女子生徒たちが複数の国・文化・言語のはざまを生きるなかで、どのようにホーム (home) ／居場所 (*ibasho*) を形成しているのかを考察している。

　主に紹介するのは、アメリカ東海岸の高校に通うアジア系移民1世、1.5世、2世の女子生徒9名（フィリピン系、ベトナム系、中国系、インド系）である。著者は、低所得層のアジア系アメリカ人の高校生を対象に放課後支援プログラムを提供するNPOのボランティアとしてかかわり、生徒たちに寄り添いながら、学校、家庭、地域でフィールドワークを行った。アートワークショップやオンラインでのデータ収集なども行い、多様なデータを用いて、女子生徒たちがホーム／居場所をつくりだす様子を詳細に描いている。

　本書は、生徒たちがアメリカ社会においてアジア系移民女性として幾重にも周辺化されつつも、グローバルにホームを形成し、日常生活のなかで居場所を作るなど、多層的で複数のホーム／居場所を主体的に創造していることを明らかにしている。第2章では、彼女たちがホームランドとホスト社会のはざまで帰属意識を形成する困難さと可能性を検討した。第3章では、彼女たちの日常世界に視点を移し、高校の地下で多様な人種・文化・言語的背景をもつ仲間と共につくる居場所について論じ、第4章では、彼女たちのもう一つの居場所であるNPOの放課後プログラムでの様子を描いた。第5章では、彼女たちがショッピングモールなどでの「モノ」の消費を通して、アイデンティティや「女の子らしさ」を形成する過程を論じ、第6章では、メディアやポピュラー・カルチャーの消費を通して、国境を越えて想像上のホームをつくる様子を考察した。ここで取り上げられる多様な場からも分かるように、本書は教育研究で着目されることが少ない、家庭や学校以外のオルタナティブな学びの場の重要性も指摘している。

　日本でも移民の子ども・若者が増加しており、同化や排除の文脈で語られやすいなかで、彼ら・彼女らのエンパワメントにつながる研究・実践を蓄積していく必要があるのではないだろうか。本書がその一助になれば幸いである。**(24cm×16cm、156頁、Springer、79英ポンド、2018年)**

Shoko Yamada
'Dignity of Labour' for African Leaders: The Formation of Education Policy in the British Colonial Office and Achimota School

山田　肖子
(名古屋大学)

　本書は、著者が2003年に米国インディアナ大学に提出した博士論文に、新たな調査、分析を加えて出版したものである。著者は、博士号取得後、歴史研究を離れ、現代の国際教育開発のグローバルな議論やアフリカを中心に途上国の教育政策の分析などを行ってきた。その一方で、「アフリカに西欧型の学校教育を持ち込んだ人たちは何を意図していたのか」という疑問を突き詰めることが、教育開発という営みについての著者の本質的な問題意識を探求するうえで、必ず立ち戻るべき研究上の課題であると考え続けていた。

　本書は、戦間期に焦点を当てている。第一次大戦直後の停滞を経て、1929年の大恐慌までの短い期間、ヨーロッパの消費経済は一時的に活況を見せ、特に植民地からの輸出は大きく拡大した。そうした植民地への経済的依存の高まりと、独立運動を抑制する目的から、親ヨーロッパ的で、かつアフリカ人大衆から乖離していないリーダーを養成する場として、中等教育が大きな注目を集めた。

　「教育を通じて醸成すべきアフリカ人の望ましい人格とはどのようなものか」「そのために、どのような教育方法や理念が必要なのか」こうした議論には、イギリスのキリスト教団体、植民地行政官はもとより、アメリカの黒人教育を推進する財団や、アフリカ人エリートまで加わって、ロンドンの植民地省、アフリカの植民地の議会や新聞など、あらゆる場面で展開された。教育論争は、植民地支配とそれへの抵抗という政治的な色彩を色濃く示していたが、同時に、当時、ヨーロッパだけでなくアメリカでもてはやされた教育思想も取り込まれていた。アメリカの進歩主義教育学者のJohn Dewey、黒人のリベラル教育推進者で、汎アフリカニズムの主導者であったW. E. B. DuBois、黒人産業教育をアフリカに移転しようとしたBooker T. Washingtonや James Aggreyなど、本来、思想的には大きく異なる教育理論が混合されて政策の裏付けに用いられたのである。

　このようにグローバルな議論がアフリカなどの途上国の政策を外部から方向付けたり、学術的な研究や思想がそうした政治的介入にお墨付きを与えたりする状況は、現代のSDGsなどに見られる言説形成のパターンと非常に似ている。本書が取り上げる植民地時代の教育言説は、単に遠い過去の話として切り離すことはできず、むしろ、歴史的な連続性の中でとらえることではじめて、現代の国際的議論の本質が見えてくるのではないだろうか。(22.9cm × 15.2cm、312頁、Langaa Research Publishing CIG、41米ドル、2018年)

日本比較教育学会　会則

(平成27年度総会改正)

第1章　総　則

第1条　本会は日本比較教育学会と称する。英語名はJapan Comparative Education Society（略称JCES）とする。

第2条　本会は比較教育学の発展と普及に貢献し、研究遂行上必要な連絡と協力を広く国の内外にわたって促進することを目的とする。

第3条　本会は前条の目的を達成するために次の事業を行う。
1. 会員相互の研究上の連絡と協力の促進
2. 年次大会および各種研究会の開催
3. 研究紀要、ニューズレター、名簿等の発行
4. 研究データベース（RICE）およびウェブサイト等の制作・管理
5. 内外研究団体との連絡および協力
6. その他本会の目的達成に必要な事業

第2章　会　員

第4条　本会の目的に賛同し、比較教育学の研究に関心を有する者をもって会員とする。会員は通常会員と学生会員とに分つ。

第5条　新たに入会しようとする者は、通常会員1名の推薦をうけて本部事務局に申込み、理事会の承認を得なければならない。

第6条　会員は本会の行う事業に参加することができる。会員は別に定める日本比較教育学会倫理綱領を尊重する。

第7条　会員は会費を負担するものとし、会費は通常会員は年額金10,000円、学生会員は年額金6,000円とする。

第8条　(1) 会員は会費納入を怠った場合、会員としての取扱いを受けないことがある。
(2) 3年以上会費の納入を怠った者は、会員としての資格を失う。

第3章　役　員

第9条　本会の事業を運営するために、次の役員をおく。役員は通常会員のうちか

ら選ぶものとする。

　　会長…1名
　　理事…約30名（細則による）
　　幹事…若干名
　　監査…2名

第10条　理事は会員の選挙によって選出する。選出に関する手続きは別に定める。理事は理事会を構成する。

第11条　会長は理事の互選とする。会長は学会を代表し本部事務局を定め、事務局長および事務局員を選任し、会務を総括する。会長に事故あるときは、理事の1名がその職務を代行する。

第12条　会長は、理事会の承認を得て理事のなかから若干名の常任理事を委嘱し、常任理事会を構成する。常任理事会は重要な会務の遂行にあたる。

第13条　会長は幹事若干名を委嘱し、会務の処理に当たらせる。幹事のうち若干名を常任幹事とする。

第14条　監査は理事会が総会の承認を得て委嘱する。監査は本会の会計を監査する。

第15条　役員の任期は3年とする。ただし再任を妨げない。

第4章　理事会

第16条　理事会は年一回以上これを開き、本会の重要事項を審議し決定する。

第17条　理事会の定足数は、理事総数の四分の三以上（委任状含む）とし、理事会出席者の三分の二以上により、議案を議決することができる。（小数点以下は切り上げとする。）

第5章　総　会

第18条　総会は本会の最高決議機関であって年一回これを開き本会の重要事項を審議決定する。

第6章　会　計

第19条　本会の経費は会費、寄付その他の収入をもってあてる。寄付の受け入れに関する手続きは別に定める。

第20条　会計は一般会計と特別会計とに分つ。特別会計として、学会費会計と特別

運用会計を設ける。
第21条　(1) 特別会計は、寄付金の受け入れ、利息および一般会計からの繰り入れをもって原資とする。
(2) 特別会計のうち、学会賞会計の財源は、平塚賞にかかる事業に充当するものとする。また、特別運用会計の財源は、学会活動の円滑な運営および学会の発展に資する事業に充当することができる。
(3) 特別会計は、常任理事会の議を経て運用し、理事会および総会に報告して承認を受けなければならない。ただし、あらかじめ予算案を理事会および総会に提出する必要はない。
第22条　本会の会計年度は(毎年) 4月1日にはじまり、翌年3月31日におわる。

第7章　会則の変更

第23条　本会則の変更は総会の決議による。
第24条　本会の運営に必要な細則および規定は理事会が定め総会に報告する。

附　則
この会則は昭和39年8月20日から施行する。

附　則
この会則は昭和63年度から施行する。

附　則
この会則は昭和44年度総会終了後から施行する。

附　則
この会則は昭和48年度総会終了後から施行する。

附　則
この会則は平成6年度総会終了後から施行する。

附　則
この会則は平成10年度総会終了後から施行する。

附　則
この会則は平成16年度総会終了後から施行する。

附　則
この会則は平成17年度から施行する。

附　則

この会則は平成19年度総会終了後から施行する。

附　則

この会則は平成26年度総会終了後から施行する。

附　則

この会則は平成27年度総会終了後から施行する。

細　則

(平成26年度理事会改正)

第1条　この細則は、日本比較教育学会会則第10条および第19条に基づき、手続きに必要な事項を定めるものとする。

(会則第10条関係)

第2条　理事は地区ごとにその地区の全会員がこの細則の定める手続きによって選挙する。

第3条　地区は当分の間次の区分による。北海道・東北地区、関東地区(関東地方および新潟、長野、山梨の諸都県)、東海・北陸地区、近畿地区、中国・四国地区、九州地区。外国人で外国に居住するものは、学会本部所属の地区に所属するものとする。

第4条　理事の数は地区ごとにその全会員数に応じて定める。その基準は改選年度の4月1日現在をもって、地区所属会員数について、30名ごとに理事1名を原則とし、端数四捨五入とするが、各地区別定数の最終的決定は理事会が行う。

第5条　選挙は全会員がその地区所属の通常会員のうちから、地区の理事定数だけの候補者氏名の無記名により、選挙管理委員会あて送付することによって行う。所定の投票紙を用い、通告された期日までに、選挙管理委員会に到着しなければならない。

第6条　(1) 当選の決定は、地区別の得票順による。同点の場合は、選挙管理委員会が行う抽せんにより決定する。定数をこえて氏名を記入した票は、記載された全氏名について無効とする。当選者に対して理事就任の諾否を確認する。就任辞退の意思表明をした会員は当選者からはずし、選挙の際の得票順に繰上げ当選者を決定する。

(2) 理事がその所属地区を変更した場合、また、会員資格を失った場合、選挙管理委員会は選挙の際の得票順に繰上げ当選者を決定する。繰上げ当選者の任期は前任者の残任期間とする。

第7条　選挙事務は、本部におく選挙管理委員会が一括処理する。選挙管理委員会は、その都度理事会が任命する。

第8条　選挙管理委員会は、改選に関する事務をその年度の総会前日までに完了し、その結果を総会に報告する。

第9条　選挙管理委員会は、改選関係資料を三年間保存し、会員の希望があれば、その閲覧に供しなければならない。

（会則第19条関係）

第10条　本会に対する会員および有志の個人・団体からの寄付の申出があったときは、常任理事会の議を経てこれを受納することができる。ただし理事会および総会にこれを報告しなければならない。

附　則
この細則は昭和43年4月1日から施行する。

附　則
この細則は昭和44年度から施行する。

附　則
この細則は昭和47年度から施行する。

附　則
この細則は昭和54年度から施行する。

附　則
この細則は昭和60年度から施行する。

附　則
この細則は平成6年度総会終了後から施行する。

附　則
この細則は平成15年度から施行する。

附　則
この細則は平成15年6月28日から施行する。

附　則

この細則は平成18年度から施行する。

附　則

この細則は平成25年度から施行する。

附　則

この細則は平成26年度から施行する。

日本比較教育学会倫理綱領

(平成19年度総会制定)

1．日本比較教育学会は、会則第6条の規定に基づき、学会としての社会的責任の明確な履行、並びに会員による研究の公正性の確保を目的として、この倫理綱領を定める。
2．会員は、研究の実施にあたっては、法令等を遵守するとともに、調査地の文化、宗教、慣習を尊重する。会員は、自身並びに研究に関わる者の安全に留意する。
3．会員は、研究の実施にあたっては、情報提供者に対して、その人権を最大限尊重し、身体的、心理的、社会的な危害を加えることがないように留意する。
4．会員は、研究の実施にあたっては、情報提供者に対して当該研究の目的、研究経費の財源、研究成果の公表方法等について明確に説明する。
5．会員は、研究の実施にあたっては、情報提供者のプライバシーを尊重し、個人データ等の秘密を厳守する。
6．会員は、研究の実施にあたっては、資料、データ等の捏造、改ざんを行わない。会員は、研究の独創性および他者の著作権等の知的財産権を尊重する。

付　記

1．本綱領は平成19年6月30日より有効とする。

日本比較教育学会紀要刊行規定

(2010年5月7日理事会改正)

1　名　　称：『比較教育学研究』とする。

2 刊行回数：年2回とする。
3 内　　　容：会員の研究論文・書評・文献紹介、大会報告、および特集論文等を掲載する。
4 体　　　裁：A5判横組み、200頁程度とする。
5 掲載論文：自由投稿および年次大会における課題研究・シンポジウムの中から、編集委員会の合議により掲載論文を決定する。また、特集論文を掲載することができるものとする。
6 編集委員会：理事会が委員長、副委員長を委嘱する。委員長、副委員長を除く委員の数は10名程度とし、委員は全国的な範囲で選ぶものとする。委員長・副委員長の任期は3年、委員の任期は1.5年とし、再任は妨げない。
7 編集事務局：編集委員長および編集副委員長が編集事務局を定める。
8 配　　　布：会員には無償配布とする。
　　　　　　　会員以外には市販とする。
9 執筆要領：日本比較教育学会倫理綱領および日本比較教育学会紀要投稿要領によるものとする。
10 著作権：本誌に掲載された論文等の著作権については、本学会に帰属する。また、著作者自身が自己の著作物を利用する場合には、本学会の許諾を必要としない。掲載された論文等は本学会が認めたネットワーク媒体に公開される。

日本比較教育学会紀要投稿要領

(2016年6月24日理事会改正)

1 投稿論文の趣旨・テーマ
　　論文のテーマは日本比較教育学会の活動の趣旨に沿うものとする。論文は未発表のものに限る。論文の使用言語は日本語か英語に限る。
2 論文投稿資格
　　投稿論文のすべての執筆者は、所定の会費を納入している本学会の会員または、当該論文の締め切り日までに入会申し込みを行った者とする。
3 原稿規格
 (1) ワープロ原稿で提出する場合

Ａ４判用紙に一行36字×30行（1,080字）の規格で印字し、19枚以内とする。
　　　1枚目は、執筆者名を記載せず、論文題目のみを記載した上で、本文は16行
　　　目から始めるものとする。題目、見出し、本文、注、引用文献、参考文献の
　　　フォントは、MS明朝で、10.5ポイントとする。
　（2）原稿用紙で提出する場合
　　　Ａ４判400字詰原稿用紙（横書き）を用いて50枚（20,000字）以内とする。た
　　　だし、題目のみを記した表紙をつけること。
　（3）上記原稿規格及び規定枚数の中には、図・表・注・引用文献・参考文献等を
　　　含むものとする。原稿にはページ数を入れること。
　（4）紀要編集委員会が特に枚数を指定した原稿は上記を適用しないものとする。
4　図・表・注等の規格
　（1）図・表は原則として5点以内にとどめ、ワープロ原稿の場合には論文中に挿
　　　入または貼付し、原稿用紙の場合には原稿中に挿入せず別の用紙に貼付し、
　　　その印刷位置・サイズをあらかじめ原稿に表示しておくものとする。図・表
　　　中の文字はＡ４判の原稿を70％（Ａ５判）に縮小しても十分に読むことがで
　　　きる大きさとする。
　（2）注・引用文献・参考文献等は原稿末尾に一括して掲げるものとする。執筆者
　　　氏名を記載し、拙稿、拙著などを用いない。
　（3）注の番号形態は「1、2、3……」とする。
5　提出原稿・書類
　（1）投稿にあたっては以下の原稿及び書類等を提出すること。なお、提出された
　　　原稿及び書類は原則として返却しない。
　　　①原稿4部（内3部は複写可）
　　　②和文題目及び和文要旨（800～1,000字）を記載したＡ４判用紙4部
　　　③英文題目及び800語～1,000語の英文要旨4部
　　　（①～③には執筆者氏名、所属機関名を記載しないこと）
　　　④下記の事項を記載した別紙1部
　　　・執筆者氏名（日本語及び英語表記）
　　　・所属機関名（日本語及び英語表記）
　　　・論文題目（和文及び英文）
　　　・メールアドレス等の連絡先

(なお氏名等の英語表記については『比較教育学研究』巻末の英文目次を参照のこと)

⑤論文投稿チェックシート。学会のウェブからダウンロードし、記入すること。

⑥(ワープロ原稿で提出する場合)上記の①から④のデータを記録したCD-R、DVD、USBフラッシュメモリのいずれかも提出すること。ファイル形式は「Microsoft Word」または「一太郎」とし、記録媒体には執筆者氏名を明記すること。

6 英文原稿規格
 (1) Ａ４判用紙(1頁30行、約410語)15枚以内とする。1枚目は、執筆者名を記載せず、論文題目のみを記載した上で、本文は16行目から始めるものとする。
 (2) 図・表・注・引用文献・参考文献等については、上記規定3及び4を同様に適用するものとする。
 (3) 投稿にあたっては以下の原稿及び書類等を提出すること。なお、提出された原稿及び書類は原則として返却しない。
   ①原稿4部(内3部は複写可)
   ②英文題目及び英文要旨(400〜500語)を記載したＡ４判用紙4部
   (①②には執筆者氏名、所属機関名を記載しないこと)
   ③下記の事項を記載した別紙1部
   ・執筆者氏名(英語表記)
   ・所属機関名(英語表記)
   ・論文題目(英文及び和文)
   ・メールアドレス等の連絡先
   (なお氏名等の英語表記については『比較教育学研究』巻末の英文目次を参照のこと)
   ④(ワープロ原稿で提出する場合)上記の①から③のデータを記録したCD-R、DVD、USBフラッシュメモリのいずれかも提出すること。ファイル形式は「Microsoft Word」または「一太郎」とし、記録媒体には執筆者氏名を明記すること。

7 刊行時期と原稿の提出期限及び提出先
   紀要は毎年、7月(1月20日原稿締め切り:当日消印有効)と1月(前年7月20日原稿締め切り:当日消印有効)に刊行する。原稿は紀要編集委員会委員長宛に提出するものとする。

日本比較教育学会平塚賞規定

(平成27年度理事会改正)

1 名称:この賞は、日本比較教育学会平塚賞と称する。
2 趣旨:初代会長平塚益徳博士の業績を記念し、比較教育学研究の発展を期して、若手学会員の研究を奨励することを目的とする。受賞者には賞状ならびに賞金を授与する。
3 対象者と賞金:毎年原則として1名、10万円
4 審査対象:前年の1月から12月までに公刊された学会紀要掲載論文ならびに比較教育学研究に関する著書・論文(分担執筆を含む。ただし連名のものを除く)で、自薦あるいは他薦により、日本比較教育学会平塚賞運営委員会あて、毎年1月15日(必着)までに、この賞に応募する旨、所定の推薦書により申し出たもの。(当該著書・論文1部を届け出ること。)
5 運営委員会:本学会理事の互選により、原則として10名で構成する。運営委員の任期は3年とし、再任は妨げない。欠員が生じた場合は互選時の際の得票順に繰り上げ当選とする。運営委員長は運営委員の互選による。
6 審査手順:毎年2〜3月に審査委員会において審査を行い、受賞者を決定し、年次大会において発表する。
7 この規定は、会則第24条に基づき、理事会が定めるものとする。
8 この規定は平成2年度から施行する。
  この規定は平成5年度から施行する。
  この規定は平成16年度から施行する
  この規定は平成19年度から施行する。
  この規定は平成26年度から施行する。
  この規定は平成27年度から施行する。

日本比較教育学会紀要編集委員会委員名簿（2017 − 2019年度）

編 集 委 員 長　日下部達哉
編集副委員長　澤村　信英
編 集 委 員　伊井　義人
　　　　　　　江原　裕美
　　　　　　　佐藤　　仁
　　　　　　　杉本　　均
　　　　　　　竹熊　尚夫
　　　　　　　中矢　礼美（58号まで）
　　　　　　　長島　啓記
　　　　　　　二井紀美子
　　　　　　　日暮トモ子
　　　　　　　福留　東土
　　　　　　　見原　礼子
　　　　　　　山口しのぶ
編 集 幹 事　牧　　貴愛（前期）
　　　　　　　金子　聖子（後期）
英 文 校 閲　Arthur Meerman

日本比較教育学会役員一覧 （2017－2019年度）

（五十音順）

●会　長　　杉村　美紀　（上智大学）
●事務局長　丸山　英樹　（上智大学）
●理　事　（○印は常任理事）
〔北海道・東北地区〕（2名）
　　杉本　和弘　（東北大学）
　○宮腰　英一　（東北大学）
〔関東地区〕（15名）
　　池田　賢市　（中央大学）
　　一見真理子　（国立教育政策研究所）
　○江原　裕美　（帝京大学）
　　北村　友人　（東京大学）
　○黒田　一雄　（早稲田大学）
　　近藤　孝弘　（早稲田大学）
　○澤野由紀子　（聖心女子大学）
　○杉村　美紀　（上智大学）
　　長島　啓記　（早稲田大学）
　　深堀　聰子　（国立教育政策研究所）
　　福留　東土　（東京大学）
　　藤井　穂高　（筑波大学）
　○丸山　英樹　（上智大学）
　　嶺井　明子　（筑波大学）
　○森下　　稔　（東京海洋大学）
〔東海・北陸地区〕（3名）
　　二井紀美子　（愛知教育大学）
　○服部　美奈　（名古屋大学）
　　山田　肖子　（名古屋大学）
〔近畿地区〕（6名）
　　乾　　美紀　（兵庫県立大学）
　○澤村　信英　（大阪大学）
　　杉本　　均　（京都大学）
　　近田　政博　（神戸大学）
　○南部　広孝　（京都大学）
　○山内　乾史　（神戸大学）
〔中国・四国地区〕（3名）
　　小川　佳万　（広島大学）
　○日下部達哉　（広島大学）
　　吉田　和浩　（広島大学）
〔九州地区〕（2名）
　○竹熊　尚夫　（九州大学）
　　平田　利文　（大分大学）
●監　査
　　木戸　　裕　（元国立国会図書館）
　　牛田　千鶴　（南山大学）
●WCCES担当理事
　　杉村　美紀

●幹　事　（○印は常任幹事）
〔北海道・東北地区〕
　　井本　佳宏　（東北大学）
〔関東地区〕
　○川口　　純　（筑波大学）
　　菊地かおり　（筑波大学）
　○山﨑　瑛莉　（上智大学）
〔東海・北陸地区〕
　　カンピラパーブ・スネート（名古屋大学）
〔近畿地区〕
　　中島　悠介　（大阪大谷大学）
〔中国・四国地区〕
　　植村　広美　（県立広島大学）
〔九州地区〕
　　坂本真由美　（中村学園大学）
●各種委員会
平塚賞運営委員会（10名）
　　委員長　服部　美奈
　　委　員　江原　裕美
　　　　　　小川　佳万
　　　　　　日下部達哉
　　　　　　近藤　孝弘
　　　　　　杉村　美紀
　　　　　　竹熊　尚夫
　　　　　　宮腰　英一
　　　　　　嶺井　明子
　　　　　　森下　　稔
研究委員会（7名）
　　委員長　森下　　稔
　　委　員　市川　　桂
　　　　　　乾　　美紀
　　　　　　鴨川　明子
　　　　　　北村　友人
　　　　　　南部　広孝
　　　　　　渡邊　あや
国際交流委員会（5名）
　　委員長　黒田　一雄
　　委　員　林　真樹子
　　　　　　丸山　英樹
　　　　　　山田　肖子
　　　　　　米原　あき
データベース（RICE）担当理事
　　　　　　山内　乾史
教育学関連学会協議会担当理事
　　　　　　澤野由紀子

編集後記

　『比較教育学研究』第58号には、14本の自由投稿論文が投稿され、形式審査を経たのち10本が査読に付されました。第一段階の査読によって、3本が第二段階である修正再査読へ進み、3本すべてが掲載に至りました。これは通常より少ない本数になっておりますが、その一因は、形式審査で4本が通らなかったことにあります。形式違反の中でも、文字数が増えてしまうものは、他の論文との公平性の観点から、いかに内容が良い論文でも、厳格に対処せざるを得ません。対応策として、HP上のチェックシートに、注意を喚起するための改変を施しましたので、今後はすべての投稿論文が形式審査に通ることを願います。

　特集では、第54回広島大会における学会報告のメインとして、公開シンポジウムの「比較教育学からSDG4を考える」、また課題研究の「東アジアにおける高大接続の比較研究」、「公教育制度の第3ステージへの模索」が掲載されました。学会報告なので、諸分野の最新の現状が反映されており、読み応えのあるものとなっています。また、書評・文献紹介では、書評4本、文献紹介6本の計10本が掲載されることとなりました。執筆者、また情報をお寄せいただいた理事・編集委員の先生方に心より御礼申し上げます。

　さて、あっという間の一年半でしたが、日下部は58号をもちまして副委員長に回り、次号より澤村信英委員長のもと、本誌の編集が行われることになります。若手のときには、一会員として何気なく受け取っていた本誌ですが、そうした、当たり前のような定期刊行は、舞台裏での、編集委員、幹事の先生方のご尽力、また投稿者、執筆者の方々のご厚意に基づく共同作業に支えられてはじめて可能になるということに気づかされました。関係いただいたすべての方々ならびに読者である会員の皆様方に御礼申し上げます。

　最後に、長年にわたり英文校閲をお引き受けいただいているアーサー・ミアマン先生、また本誌を手塩にかけて育てていただいている東信堂の下田勝司社長に深謝いたします。

（紀要編集委員会委員長　日下部達哉）

ISSN 0916-6785

比較教育学研究　第58号

2019（平成31）年3月20日発行
編集者　日本比較教育学会紀要編集委員会
発行者　日本比較教育学会
発行所　株式会社東信堂

日本比較教育学会事務局
〒102-8554　千代田区紀尾井町7-1
上智大学グローバル教育センターB1
日本比較教育学会事務局（丸山研究室）
E-mail: jcesjimu@outlook.jp（TEL: 050-5800-4873）

株式会社東信堂
〒113-0023　東京都文京区向丘1-20-6
TEL: 03-3818-5521
FAX: 03-3818-5514
E-mail: tk203444@fsinet.or.jp

日本比較教育学会紀要編集委員会事務局
〒739-8529　広島県東広島市鏡山1-5-1
広島大学教育開発国際協力研究センター内
TEL: 082-424-3721（牧貴愛　研究室）
　　　082-424-6246（日下部達哉　研究室）
FAX: 082-424-6958（広島大学教育開発国際協力研究センター）
E-mail: jces.hirodai@gmail.com

ISBN978-4-7989-1551-7　C3037